中国当代美学家文论家评传

王岳川　主编

复旦大学

宣凯任同志：

你好。来信收到，两份《辽宁书讯》也收到。美学思想研究丛书也已出版，甚为高兴。你为了我，写有关我的著作，花了不少精力和心血，甚为感谢。截至目前，我将因你的努力，扩大一些影响。这将是我永远不可忘记的。书出来后，我想订二十册。见到王大路同志后，请将我这意思转达。请他们直接寄我。书款我将如数寄上。

审美心理学，也已交稿，说明你们事业甚快。壮年时期，正是写作的最佳时期，应当多写，认真写，写出自己最好的水平来。

《美学与文艺评论集》想已收到。此书甚难买。只此两本，我将赠王大路和王向峰两位同志寄去，请他们指教。此致

中国当代美学家文论家评传

王岳川 主编

蒋孔阳评传

时胜勋 胡淼森◎著

黄山书社

图书在版编目(CIP)数据

蒋孔阳评传 / 时胜勋，胡森森著. —合肥：黄山书社，
2016.8
(中国当代美学家文论家评传)
ISBN 978-7-5461-5395-7

Ⅰ.①蒋… Ⅱ.①时…②胡… Ⅲ.①蒋孔阳(1923—
1999)-评传 Ⅳ.①K825.4

中国版本图书馆 CIP 数据核字(2016)第 007921 号

蒋 孔 阳 评 传
JIANGKONGYANGPINGZHUAN

时胜勋 胡森森 著

策　　划 汤吟菲 朱莉莉
责任编辑 代立媛
装帧设计 未 氓
出版发行 时代出版传媒股份有限公司(http://www.press-mart.com)
黄山书社(http://www.hspress.cn)
地址邮编 安徽省合肥市蜀山区翡翠路 1118 号出版传媒广场 7 层 230071
印　　刷 安徽国文彩印有限公司
版　　次 2016 年 8 月第 1 版
印　　次 2016 年 8 月第 1 次印刷
开　　本 700mm × 1000mm 1/16
字　　数 175 千
印　　张 14.25
书　　号 ISBN 978-7-5461-5395-7
定　　价 46.00 元

服务热线 0551-63533706
销售热线 0551-63533761
官方直营书店(http://hsssbook.taobao.com)

总 序

近百年来，中国美学文论学在西方现代性与后现代性的不断扩张中，艰难地生产着自己的文化和美学新思维，在欧风美雨中不断吐纳吸收的同时变更着自己的美学文艺学立场。然而，当美学和文论边界不断扩大化的时候，中国美学文论身份却出现了辨识上的危机。中国美学家文论家的集团没有形成，甚至可以说在长达一个世纪之内，学者们在一个一个地细读、消化、评论西方美学家文论家，却没有看到中国美学文论界整体性地对中国百年来的美学家文论家加以整体研究的著作。

尤为严重的是，中国美学界文论界在对整个西方美学界文论界加以研究的时候，已经从宏观研究进入到微观研究层面，对西方古典美学家文论家、西方近现代美学家文论家、西方后现代美学家文论家的研究著作已多不胜数，而整个西方对中国美学家文论家的了解和研究却几乎是空白。这种文化美学上的不对等性，导致中西美学界文论界产生了巨额的“文化赤字”。这种“文化赤字”可能引发的“文化战争”危险,迄今仍然没有引起学术界的高度重视。

一、中国美学家文论家需在国际话语中重建身份

作为大国崛起的中国,其当代美学文论的前沿话语是同整个世界前沿话语相连的。中国面对世界,世界不可能背对中国。东方大国的美学文艺学在失去自我身份后亟需重新反省并获得自我身份:在经历了一个世纪的西化浪潮之后重新检讨中国美学的精神价值取向,从全盘西化的美学文论研究的盲视中走出来,重新以“走近经典”的文化高度和精神厚度,审视中西文化深层对话时代中的中国美学文论身份;从西方美学文论的中国化到中国美学文论经验的世界化的转型中,关注文化创新与文学理论创新的同步性,进而守正创新——“走近经典”并“创新经典”。

不同的价值立场使得在全球范围内出现了文化宗教层面的反全球化的多元文化主义潮流。多元文化伴随着人类历史而发展:中国文化传统、希腊

文化传统、希伯来文化传统、阿拉伯伊斯兰文化传统、非洲文化传统等多种文化不断消长,此起彼伏地影响着人类社会的进程。整体性现代社会正在发生大分裂,世界正在走向新的多元化、多样化。

当代西方文论的全球扩张,深层原因是西方现代性与后现代性的全球播撒。现代性使当代西方艺术具有了文化霸权的话语平台。现代性与科技发明和殖民主义相关,短短200年就使得西方成为世界霸主。但反过来,现代性也让西方和世界深受其害。因为在现代性发展和大国崛起的几百年历史中,世界告别了“王道”而成就了“霸道”,最终导致两次世界大战并走近第三次世界大战的边缘。于是审美现代性、后现代性开始放弃价值升华的追求,现代艺术家开始感受世界堕落般的“恶心”。艺术家堕入了虚无主义、悲观主义和文化失败主义的泥潭,对人类后殖民未来充满了悲观意绪。

西方乘着全球化的翅膀开始了文化霸权的飞翔。霸权是一种在文化领域中争夺“领导权”或“控制权”的话语,将历史上属于某个阶级的意识形态扩张化,使之成为人类对西方话语权力的普遍认同。于是,话语权力不是作为强权而是作为权威而得到行施,人们的精神文化生活在不知不觉中被政治化。人类在价值崩溃中彻底地世俗化,人类精神生态失衡已经习焉不察地成为意识形态符码。

当然,在一个相互交织并消解冷战思维模式的共存时代,如果没有西方“他者”的“镜像”,我们就无法清晰地审视中国文化的“自我”。通过文化镜像深度的自我审视,将有助于把东西方文化的对抗转化为不同文化体制的创造性互动,从而使本土性真正与全球性获得整合,使中国文论创新在不断明晰丰富和深度拓展中,推进“中国形象”的立场定位。

二、从西方文论中国化到中国文论经验的世界化

全球化格局下的文学理论以建构多元多样性诗学为己任，这种多元文化观将使“汉语学界”突破西方文论的单一知识框架，重新审视东方文学传统中的文化理念和文学观念，关注中国文学在新的世界格局中的现代性诗学特征，并通过对差异性文化精神的体认，获得更为宽松多元的文化差异性结论。

事实上，在文化美学领域中国际惯例不是西方惯例，游戏规则不应该由西方单边建立；国际惯例是世界共同创造的，游戏规则是东西方共同建立的。中国美学文论应该参与到建立游戏规则的过程中去，而不能“他者”建立了规则，东方大国仅仅去遵守。只有这样，当代理论家才能不在传统和现代之间徘徊犹豫，才能不用再按照西方模式亦步亦趋，而是摆脱了模仿西方的兴趣，打破西方艺术的惯例，开始以自己的方式在精神生态中寻找中国式的文论光辉和美学神采。

当代中国美学文论流派原创、范畴创新、体系“守正创新”应该提到议事日程上来了。在中国现代性经验没有进入国际大循环，没有成为人类经验的一部分，没有引起世界充分关注的时候，中国文论“守正创新”势在必行。

三、在“守正创新”中整体展示中国美学文论大家

在全球化后现代语境中，新世纪中国文论应在当代文论流派众多的话语角逐中，超越西化跟潮的流派横向移植，超越“五四情结”的现代性诉求，

在全球化文化互动中从事中国美学播撒和新理论输出，形成中西双向的“理论旅行”。一种对等互动的“旅行”，使本土文化艺术和理论反思能够真实地发生和生成在这片厚土之中，完成从一个世纪的拿来主义之后的“文化输出”。在美学文论创作方式、本体结构、接受方式、传播机制、价值功能等方面都产生转变的时代，真正的美学文论前沿践行者，当通过自己的笔歌墨唱，为21世纪中国美学文论的自我创新和输出提供坚实的文化观念和价值重建地基。

走近经典为了继承，创意经典为了图新，美学图新为了精神原创，这表达了我对中国美学文论界整体高于并超越前人的美学观念、美学形态、文论方法、文论传播的某种文化期待。“守正创新”是生命精神喷发状态，而“原创力”是文化软实力，可以表征美学文论新的大国形象。

当代美学家文论家努力的方向是文论原创性，只有真正走近经典的美学家文论家才有可能成为时代美学文论大家，也只有不断创出新经典的原创型美学家文论家才有可能成为时代美学文论大家。可以说，在当代西方美学文论研究了30年以后，应推出一大批不断创新的中国美学文论精英。只有中国美学文论大家的国际影响力提升了，才可能从发现东方文化的精髓到推出一个新的理念——中国文论的文化输出！美学文论国际互动是新世纪中国文论的文化战略，这意味着，新世纪美学文论不仅是中国的，也应该“走出去”而成为世界的！表明从本土主义文化出发应该提出世界主义的美学文论观。

最后需要说明的是，在高水平开创性学术丛书出版困难的时期，黄山书社决定推出这套《中国当代美学家文论家评传》，令人感佩。首批推出朱光潜、宗白华、杨晦、季羡林、王元化、蒋孔阳、李泽厚、钱中文、胡经之、童庆炳等十位中国当代美学家文论家的评传。评传在“评”的方面突出对所评专家学术成果的评介，在“传”的方面则尽可能地钩沉出所评专家一些鲜为人知的人生趣事，使其呈现出浓郁的生活气息。通过丛书的出版，力求打破多年来在中西方文化交流中，中国对国外思想家了解较多，而国外对中国当代思想家却知之甚少的局面，为中国当代“文化输出”做一些推动性工作。

这套丛书的出版，不仅可以使相关领域的研究者能对这些经历了20世纪欧风美雨的中国美学家文论家的精神世界有更深入的了解，也能让更多的读者领略和认识这些跨世纪美学大家的审美风采，从而推动新世纪中国当代美学文艺学研究的国际化。

是为序。

王岳川

2015年1月8日于北京大学

目　录

自　序 ………………………………………………………………… 001

第一章　走向上海 ……………………………………………………… 001

一、巴蜀青春 ………………………………………………………… 001

二、海光召唤 ………………………………………………………… 006

三、复旦生涯 ………………………………………………………… 011

四、思想历程 ………………………………………………………… 013

五、人生路标 ………………………………………………………… 015

第二章　思入文学 ……………………………………………………… 018

一、民族化的尝试 …………………………………………………… 018

二、形象的丰富性 …………………………………………………… 025

三、个性与真实 ……………………………………………………… 034

四、反思性文艺学 …………………………………………………… 040

第三章　西学镜像 ……………………………………………………… 048

一、美学史及其评价 ………………………………………………… 049

二、马克思主义学术史观 …………………………………………… 052

三、断代史的全景呈现 ……………………………………………… 056

四、西学研究的批判性 ……………………………………………… 076

第四章　审美文艺 ……………………………………………………… 083

一、开拓文艺美学 …………………………………………………… 083

二、唐诗美学的境界 …… 087
三、绘画美学与哲学 …… 093
四、艺术美的创造 …… 100
第五章　中国立场 …… 109
一、研究范式的创新 …… 110
二、思想梳理与写作方法 …… 117
三、从古典美学到现代美学 …… 123
四、当代美学问题审理 …… 128
五、中国美学未来展望 …… 138
第六章　守正创新 …… 143
一、美学基本视域开显 …… 145
二、马克思主义美学观 …… 149
三、美感经验与审美范畴 …… 159
四、比较美学观念拓展 …… 169
五、"新论"的特色与意义 …… 173
第七章　美的实践 …… 176
一、治学方法论 …… 176
二、推进上海美学 …… 181
三、学术文化交流 …… 186
四、人生美的追求 …… 191
结　语 …… 200

蒋孔阳先生年谱简编 …… 205
参考文献 …… 212
后　记 …… 214

自　序

蒋孔阳是当代著名美学家、文论家，是20世纪五六十年代美学大讨论的亲历者，是80年代美学热的重要推动者，其美学研究延至90年代中期。他在马克思主义美学、美学理论、中国美学史、西方美学史、文艺美学、比较美学、文学理论、文学批评、学术翻译与学科教育等方面取得了令人瞩目的成绩，在中国当代美学史上有着重要的学术地位。

一直以来，中国现代美学没有获得应有的地位，或者被认为是对西方美学的模仿而缺乏原创性，或者被认为是机械化的伪马克思主义美学而了无生机，或者被认为是反传统的虚无主义美学而没有根基，或者被认为是缺乏人文关怀的抽象的本本主义的知识堆砌而没有蓬勃的生命力。然而，事实并非如此。中国现代美学并非是一片美学废墟，像蒋孔阳这样的美学家，得西方风气，大力引介吸收西方美学，同时又兼顾中国传统美学，在马克思主义美学道路上积极拓展创新，注重美学研究的现实关怀和审美精神，这都是值得认真总结的学术经验。

新世纪以来,随着中国文化现代化的深入,阐释现代学术遗产,推进当代学术研究就成为摆在中国知识界面前的重大问题。本书主要以蒋孔阳的人生经历与思想成长为线索,全面评述蒋孔阳的学术思想。蒋孔阳从内陆四川走向现代化的上海,并在那里扎根,形成了自己的美学思想。蒋孔阳一生经历对文学、美学的思考,通过西学镜像之审理,潜心文艺美学,深入传统,坚持中国立场,进行美学的综合创新,体现了老一代美学家难能可贵的学术精神,值得后人汲取。本书按照时间顺序,以相对集中的主题组构全书,体现思想与人生传记的双重性,并构成互文性和对话性。当然,理解学术史首先应该以细致的阅读为前提。可以说,任何思想的研究都需以阅读为第一要务。在我看来,阅读蒋孔阳应该是一件愉快的事,因为蒋孔阳从来不故作高深,总是以简洁、明快、清新的方式,引领读者抵达学术的王国。在今天这个"快餐化"的时代,或者"晦涩化"的时代,蒋孔阳的文字愈发彰显了它的魅力。阅读是我们与思想者对话,并使自己成为思想者,这是任何阅读的本意。

是为序。

时胜勋

2013 年 11 月秋于西藏拉萨

第一章　走向上海

蒋孔阳是20世纪中国美学史上的重要美学家之一。他一生主要活动在四川和上海。四川，天府之国，远离大海，是传统的象征；而上海，自近代开埠，就象征着中国现代化。蒋孔阳的一生从地理上来说是从四川走向上海，而从更大的文化语境来说，也是从地方走向全国，从传统走向现代，从封闭走向开放，从单一走向综合，从童年的青涩走向人生的成熟。

一、巴蜀青春

1923年1月23日，四川省万县三正乡苦葛坝村，一个群山环绕的封闭村庄，风和日丽，一个孩子降生，父亲蒋光社应时给起了饱含父母之爱的乳名——爱阳，一如后来他对光明、真理、美的追求。

村子周围，一眼望不到边的山峦叠翠，阻挡了与外界的交通；古老的戏曲，新潮的电影、话剧和舞蹈，都与这片土地无缘，爱阳的家中除了有几本破旧的医书外，也没有什么文艺作品。恐怕,就连爱阳的父母也不会将这个孩子同"美学"这个陌生的概念联系起来,更不会想到他在几十年后会成为中国的一代美学大家。不过,蒋孔阳自小就接触自然,如果说有人是从文艺走向美学的,蒋孔阳则是从自然走向美学的。他在《我与美学》中说:"如果我也谈得上受到过什么美的熏陶的话,那么就是我家乡的那些山,以及山间的泉水、树木和白云。"① 所以,爱阳从小虽未接触太多的艺术作品,但他的最爱,是如卢梭般静静地漫步在田野丛林和溪流之间,在自然环境中展开冥想。夏夜傍晚,他爬到山顶后去看红霞满天,溪流间的怪石悬湍,去听风起时松涛与山谷的应答。这种来自林泉云水的自然素朴之美,以突然呈现的方式一下子捕捉住孩子幼小的心灵。正是自然的色彩与声音,不经由任何语言和思维的中介,以扑面而来、本质直观式的痴狂与震颤,开启了蒋孔阳的美学人生。对自然的热爱是他的天性,即便在求学期间,这一点也始终保持着。

1930 年 2 月,他到分水初级小学读书,此后有了正式的名字蒋术明。小学的时候,蒋孔阳并不合群,他后来回忆说自己属于内向型的儿童。1934 年 2 月,他到分水高级小学读书,一共读了两个年级。一年级的时候,由于听到

①《蒋孔阳全集》第四卷,安徽教育出版社 1999 年版,第 500 页。

校长讲《二度梅》的故事，他开始对文艺感兴趣。高小二年级下学期（1935年），来了一位新校长杨丕章先生，他“年轻，性格爽朗，教学和办事都很认真。最难能可贵的，是他能够接受新思想”①。由此可知，杨校长是一位受到五四新文化运动影响的人。正是由于这一点，蒋孔阳接触到的不再是裹足不前的传统授课内容和方式，而是听得津津有味的新思想。在杨校长的影响下，原先不怎么爱读书的蒋孔阳萌生了求知欲。而且值得纪念的是，他在这时候第一次听到了马克思的名字，这是杨校长所认为的世界上最有学问的人。此外，除了杨校长的国文课，他还喜欢周姓老师的地理和历史课，经常阅读相关知识，获得了“史地教员”的绰号。

>>蒋孔阳　1948 年摄于南京

1936 年 2 月，蒋孔阳入万县私立致远中学（初级中学）读书。从高小萌生的求知欲继续发酵，在学习期间他阅读了鲁迅、郭沫若、冰心等人的作品，可以说这是他第一次接触现代文学和社会科学。1938 年 6 月，因距初中毕业还差半年，遂以哥哥蒋术亮的初中毕业证考入国立四川中学。因此，他不得不冒哥哥之名 3 年。在读书期间他很喜欢文史哲，而对自然科学不感兴趣，这促使蒋孔阳后来转入文史哲研究。在这段时期内，他还接触了马列著作。1940 年蒋

①《蒋孔阳全集》第四卷，安徽教育出版社 1999 年版，第 465 页。

孔阳在《合川日报》发表有关鲁迅的一篇短文，是他第一次发表文章。

1941年夏，蒋孔阳原本想报考历史系，因病误了考期，遂违心地报考了在重庆招生的中央政治学校经济系。这只能说是无奈之举。这一年他取《诗经·七月》“我朱孔阳，为公子裳”句，给自己取名“孔阳”，从此有了蒋孔阳这个名字。由于非其所爱，大学的经济学专业引不起他太多兴趣，他更爱战乱中的陪都重庆南温泉的山水。“旖旎的花溪，奔腾的虎啸口”，点燃了他热爱生活的心。人注定不能过着渣滓和行尸走肉的生活，哪怕是捧上金饭碗，也不如“朝闻道，夕死可矣”的潇洒从容。蒋孔阳的心灵是被自然山水造就的，他坚信生命的内在本质在于提升，追求心灵的自由与境界的超越。于是，他爱上了图书馆，爱上了美学家宗白华的《流云》和《中国艺术意境之诞生》，并自觉地开始以美学视角观照自己所喜爱的诗人屈原、陶渊明的艺术人生。在他看来，执着认真如屈原，潇洒淡泊如陶渊明，都免不了走向悲剧

>>1941年，与中学同学合影，后排左二为蒋孔阳

的命运，而人生之悲剧中蕴含的大欢喜，却驱使蒋孔阳向系统美学研究迈出了第一步。

1942 年，他的《力的呼唤——介绍〈弥盖朗基罗传〉》一文发表在《中国青年》上。这是他第一次在刊物上发表文章。因受到宗白华的影响，他曾致信宗白华。宗先生对这位年轻人很是赞赏，还推荐发表他的论文。晚年宗白华认为“蒋孔阳是一位很勤奋、有创见的美学家”①。大学期间，蒋孔阳对文史哲表现出持续的热情，除了阅读宗白华的艺术与美学文字外，还阅读了冯友兰的《新理学》、张东荪的《新哲学论丛》、方东美的《科学哲学与人生》等哲学著作。他还喜好读传记，如 1944 年下半年，《哥伦布传》《弥盖朗基罗传》《斯宾诺莎传》等，晚年还撰文为传记正名。后来他学术研究的文史哲兼通的方法论或许正是在此时奠定的。

1944 年下半年，因母亲生病，蒋孔阳休学一年。母亲姓余，没有留下名字，奶奶叫她余妹，邻居叫她“大娘子”。在蒋孔阳的心中，母亲是一位勤快的人，整日劳作。她非常爱自己的孩子。蒋孔阳小时候爱喝豆浆，她总是给他磨豆浆吃；还经常就地取材，做清明菜粑粑，曾令蒋孔阳无限眷恋。在蒋孔阳的味觉记忆中，这清明菜粑粑就是世界上最好吃的东西。不单是因为好吃，更因为是妈妈做的。母亲对孩子很宽容，一次蒋孔阳生气把衣服扔了一地，母亲没有骂他，而是一件一件收拾好。“母亲是那么善良、忠厚、老实，我从来没有见过她生过气，粗声地骂人”，即便是不高兴，也是独自落泪。母亲对孩子的爱是无以言表的。孩子离家上学，她总是舍不得，一次母亲说“我常常梦见你们”。这短短的一句话，包含着浓郁的母爱和对孩子的万分不舍。蒋孔阳后来回忆说，母亲托付他买一把篦子，但半年之后回家时他把

①《蒋孔阳全集》第五卷，安徽教育出版社 2005 年版，第 831 页。

>> 蒋孔阳母亲像

这件事全忘了，为此他很是自责，竟说“当我进火葬场的时候，我也是原谅不了我自己的啊!”其实母亲早已原谅，而只是蒋孔阳无法释怀对母亲的怀念。母亲去世的时候，蒋孔阳已经是一个成年人了，但一见到母亲的棺椁，就哭得痛不欲生。

1945 年，休学尚未结束的蒋孔阳到万县大悲寺博文中学教语文。这段时间，他撰写了回忆文章《妈妈的影子》，可惜后来在“文革”中散失了。蒋孔阳回忆说，他散失过很多文字，但惟独这一篇，“那么令我怀念”。是啊，母亲未必存在于文字中，她在孩子的心中；他怀念的不是那些文字，而是母亲的爱。9 月，蒋孔阳结束休学回到学校，此后还撰写过有关屈原、陶渊明的文章发表，显示出他对文学研究的浓厚兴趣。

二、海光召唤

有风自海上来。上海近代以来风云变幻，它是中国近代化与新思想传播的窗口。蒋孔阳 1946 年 6 月大学毕业，开始进一步地接近上海。

蒋孔阳毕业后先到芜湖实习三个月，其间与濮之珍相遇。实习结束后被分配到离南京、上海很近的中国农民银行镇江支行，任助理员。虽然在银行工作是令很多人羡慕的金饭碗，一年可以拿 18 个月工资；但是，由于蒋孔阳执着于人生境界的自觉追求，以美学的视角观照审视自己的人生，因而认

>>20 世纪 80 年代携女儿拜访宗白华先生

为那种缺乏思想、琐碎、寄生、未经审察的人生不值得过。蒋孔阳在纪念鲁迅的文章《爱与恨》中说“真正的人,有深爱,也有深恨”①,可以想见蒋孔阳对当时刻板化的生活有多么不满。蒋孔阳在银行工作的两年中,流露出对银行生活的厌倦,觉得“淡然无味”,甚至称之为“渣滓的生活”。但是,哪里才有新生活呢?一是爱情,此时蒋孔阳与濮之珍两地分居,只能用信件表达相思。二是思想,当时的南京和上海是大城市,是学术思想的中心。他曾怀着“一颗彷徨不安、不断摸索和追求的心”,在南京夫子庙的旧书店里发现了朱光潜的《文艺心理学》。“美学”这个概念第一次清晰透彻地击中了蒋孔阳的心灵,他再也无法忍受银行的生活了。

1947 年,蒋孔阳请假三个月住进了南京中央大学的学生宿舍,与清风明

①《蒋孔阳全集》第五卷,安徽教育出版社 2005 年版,第 430—431 页。

月相伴,以美学之书为友,以思想家、美学家(宗白华、朱光潜)为师,进一步强化了自己对美学的意识。后来蒋孔阳回忆说,“我所以能走上美学的道路,是离不开宗先生和朱先生的”①。马克思说:“我不占有真理,而是真理占有我。”这句话用来形容闻道后的激动与震颤最为贴切。当意识到自己的天赋使命,你就会被一种激动莫名的情绪俘虏,仿佛被电击中,被磁铁吸附,情难自已交付自己的人生。蒋孔阳后来说,《文艺心理学》是他的美学启蒙老师。这倒很富有传奇色彩,蒋孔阳的美学兴趣竟来自偶然。不过这偶然也有必然,一是蒋孔阳自小热爱自然,对世界有着独到的个体感知;二是在求学时期一直阅读文史哲著作,美学与文史哲天然相通;三是宗白华、朱光潜及其著作在20世纪40年代的学术影响力大,特别像《文艺心理学》,它以美感心理为主要内容,将人类心灵的微妙之处加以呈现,无疑令青年人更为着迷。蒋孔阳喜欢它是历史的必然。正是由于蒋孔阳受到朱光潜先生美学的熏陶,在美学大讨论过程中,蒋孔阳并没有肆意攻击,而是表现了对启蒙老师的尊重。

南京还不能满足蒋孔阳,因为那里还不是最终的安身立命之地。1948年,战国策派领袖人物林同济在国外读到蒋孔阳发表在《大公报》上的《人生与宗教》《我看陶渊明》等文章,十分赞赏,便主动联系到蒋孔阳,同他谈了自己预备回国创办“海光图书馆”(全称为“海光西方思想图书馆”)的想法,邀请蒋孔阳到图书馆担任文学编译,张荫桐担任史学编译,林同奇担任哲学编译。出于对学问书香的热爱,加之对胸襟开阔、知识渊博、美学气质浓厚的林同济先生的敬仰,蒋孔阳毅然决然地辞掉了薪水丰厚的银行工作,奔赴上海,投入到海光图书馆的事业当中。蒋孔阳对林同济的为人极为赞赏,说林

---

①《蒋孔阳全集》第五卷,安徽教育出版社2005年版,第833页。

先生“从气质上讲，就是美学型的。他胸襟开阔，知识丰富，具有极高的鉴赏力”①。

海光的召唤让蒋孔阳得以在思想的海洋中遨游。这段人生对蒋孔阳而言十分关键。林同济筹办海光图书馆是有着强烈的精品意识的，短短一年多就藏书一万余册，主要是文史哲方面的著作，其中也不乏马克思主义著作。② 蒋孔阳在林同济的影响下大量涉猎西方文艺作品，写作并发表了大量关于霍桑、显克微支、雨果、巴尔扎克、果戈理等作家的鉴赏和书评文字。他还通过对文艺美的深入发掘，得以在浪漫主义与现实主义之间游走，将早年自然山水营造出的梦幻美感与当时清醒痛楚的社会现实接续起来，真正体会到人生苍凉中孕育的伟大。蒋孔阳从米开朗基罗的《创世纪》中，直观造物的伟大力量和美学形象扑面而来的震撼；从在复兴公园同林同济先生的谈话中，领悟到中英法三国园林艺术风格的和而不同，并萌生出中西美学比较的想法。结合对马克思主义哲学，特别是马克思《1844 年经济学哲学手稿》的解读与认同，蒋孔阳美学中的辩证法思维、实践论特色和创造论指向，已经有了初步的萌芽。伴随着在文学海洋中遨游，蒋孔阳迎来了新的生活，1948 年 12 月 25 日，与濮之珍女士完婚。幸福的生活从不是从天而降，它需要人们付出巨大的心力。对蒋孔阳夫妇而言也是如此，两地分居使得两人的情感有了更深厚的积累。

1949 年，蒋孔阳还参加了党的外围组织“常春社”的活动。当时局势已经越来越明显，战事吃紧，物价暴涨，旧的时代行将终结，蒋孔阳在给妻子濮之珍女士的信中也流露出对新时代的渴望：“一个新时代的巨变摆在眼前，

---

①《蒋孔阳全集》第四卷，安徽教育出版社 1999 年版，第 501 页。

②刘樱：《中国图书馆史上一颗璀璨的流星——记海光西方思想图书馆》，载《图书馆》2007 年第5 期。

>>20 世纪 70 年代初蒋孔阳先生的全家福

新世界在茁长!”[①]这里介绍一件轶事:在夏天时,海光图书馆地下党活动由于组织者的疏忽,遭到告发,林同奇、蒋孔阳等被逮捕,但是因没有证据,允许保释。这大概是蒋孔阳唯一一次被逮捕的经历。新的生活不会因小的事件而改变,此后不久上海解放,年底长女蒋濮在芜湖姥姥家出生,第一次做父亲的蒋孔阳得知这个消息后激动不已,在信中说,“生了个女儿,真真如了我的意”[②]。蒋濮的名字结合了蒋孔阳夫妇的姓氏,这无疑表明了孩子是爱的结晶。有意思的是,蒋濮后来成为一位文学家,似乎遗传了父亲的文学基因。

①《蒋孔阳全集》第五卷,安徽教育出版社 2005 年版,第 826 页。
②濮之珍编选:《蒋孔阳:且说说我自己》,上海文艺出版社 2008 年版,第 277 页。

三、复旦生涯

上海解放后，直到 1951 年海光图书馆关闭。蒋孔阳一直在这里工作继续自己的文艺学研究。在海光图书馆的经历使蒋孔阳有了丰富的文学研究经验，而真正将这种文学艺术的灵感与热情转化为实际的文学研究，还需要一次体制和职业的"转轨"所给予的推进。1951 年后，蒋孔阳来到了著名学府——复旦大学，先在新闻系任教，后转至中文系担任讲师，从此开始了长达近 50 年（1951—1999 年）的复旦生涯。1951 年妻子也从南京应聘至复旦；1952 年，次女蒋红出生。这对蒋孔阳而言，可谓是"三喜临门"。女儿蒋红的经历也很有意思，与姐姐蒋濮不同，她成长为一位学者。晚年蒋孔阳与这位爱女曾一同出席国际美学会议，可见家学渊源之深厚。1954 年，三女蒋年出生，后来成长为自然科学学者。1958 年，四女蒋渝出生，后来成长为文学家。在蒋孔阳夫妇的悉心养育下，四个女儿都成了才，可见蒋孔阳夫妇对孩子教育的重视和所取得的成效。

从学术上说，蒋孔阳在 20 世纪 50 年代主要从事文艺理论研究，在 60 年代则是美学研究。50 年代，他开设了文学理论课程，出版了《文学的基本知识》《论文学艺术的特征》两部著作。60 年代，他开设了"西方美学"与"美学"课程，写作完成了《德国古典美学》，翻译了《近代美学史评述》。在"文革"后期，他继续利用空暇时间写作《先秦音乐美学思想论稿》。进入改革开放新时期，蒋孔阳的文艺理论思考仍然继续，他结合时代主题，出版了《形象与典型》一书，这是蒋孔阳第三部也是最后一部文艺理论方面的著作。不过，新时期以来，蒋孔阳的主要学术活动是美学研究，先后出版了《美和美的创造》（1981 年）等著作论文集，1983 年开始撰写《美学新论》。

>> 蒋孔阳、濮之珍夫妇在复旦大学

复旦从教近50年来，蒋孔阳从讲师到副教授再到教授，学术身份逐渐明晰，学术活动也渐趋频繁。通过对新中国成立初期多位美学家理论的汲取与转化，蒋孔阳将对美学的兴趣同教学工作结合起来，形成了自己的学术兴趣，并开始逐渐打造自己的学术领域，被称为成绩卓著的美学大家，影响也从上海走向全国。

学者的困惑在于，在时代的潮流，特别是政治风云面前，如同汪洋里的一叶孤舟，无可避免地要接受风浪的洗礼，永远躲不到宁静的港湾中。毕竟，无论在整个哲学大厦中美学所属的特殊位置，还是时代变革下对于“新人”思想感情趣味的重塑，都决定了美学不能成为与世无争、独善其身的象牙塔。20世纪50年代的蒋孔阳，大部分时间是平和温文的。据学生回忆，就连上课他也是照本宣科，四平八稳地读着讲义，不敢越雷池一步。在美学讨论的热潮中，蒋孔阳积极介入，发表过几篇文章，但整体上并没有达到应有的水平。蒋孔阳反思说，那段时间自己没有充分发挥主观能动性，而是采取守株待兔的方式，“人家叫我搞什么，我就搞什么”①，他痛惜那段时间如流水一般白白地流淌过去。饶是如此小心翼翼，也避免不了被批判的命运。毕竟是少年意气，面对《文汇报》组织的一次上海座谈会，一些年轻人以

①《蒋孔阳全集》第四卷，安徽教育出版社1999年版，第502页。

“革命”姿态诘难自己的启蒙老师朱光潜，蒋孔阳心中百感交集，还是禁不住谈起了当年阅读朱先生书籍的受益，使得风口浪尖上的朱光潜颇感欣慰。

“文革”时期，蒋孔阳遭受冲击，长达十年的时间不能潜心学问，此时书斋生活已经不再。但是他有着顽强的学术毅力，在“文革”后期利用闲暇集中研究古典美学。而到了新时期，自由空气再次降临，他是只争朝夕，唯恐时间匆匆而过，尤其在1980年一年就出版了好几部著作，可见其激动的学术心情。在整个20世纪80年代，他作为美学热的重要推动者全程经历了美学热，并以其敏锐的学术眼光，既看到成绩，又看到问题。到了90年代，美学热不再的时候，他还是执拗地拿出他的《美学新论》，作为自己一生美学研究的答卷，无论世事如何变迁，追求美的精神始终不变。

四、思想历程

美学的历史是考古学意义上的层累叠加的过程，它是不断积累、汰变的结果。从最初的对亲情的眷恋，对自然的热爱，到对文艺的服膺，对美学的激动，对社会历史的观察，蒋孔阳的美学研究，正是在中西对话、古今转换的历史大背景下，以深入阅读马克思主义著作为基础，综合吸收了古今中外包括先秦诸子、康德、黑格尔、马克思、杜威、朱光潜、宗白华等人在内的美学思想，才逐渐创生出了以“美在关系”“人是世界的美”“美在实践”“美在创造”等观点为基础的，包含文艺理论、文艺美学、西方美学史、中国美学史、美学原理等内容的蔚为壮观的文艺学、美学思想体系，并在中国20世纪美学史上占据一席之地。

蒋孔阳在中国现代美学史上有独特的地位，是中国现代美学的第三代美学家。第一代是王国维、梁启超等人，生于19世纪90年代之前，活跃于辛亥革命前后。第二代是宗白华、朱光潜等人,生于19世纪与20世纪之交的20年内,活跃于20世纪三四十年代。第三代是蔡仪、洪毅然、蒋孔阳等人,生于"五四"前后,活跃于20世纪五六十年代。第二代、第三代人也是20世纪五六十年代美学大讨论的主角(也有一些生于20世纪30年代的第四代美学家,如李泽厚、高尔泰),有些则影响到80年代乃至90年代,蒋孔阳就是这样的一位美学家。

蒋孔阳是第三代影响时间最长的美学家,从50年代到90年代,近半个世纪。可以说,大多数第三代、第四代的美学家的思想都止于80年代,而蒋孔阳似乎是个例外,他的思想延伸到90年代。其集大成之作《美学新论》出版于1993年,此时距美学大讨论之始已有近40年,距美学热之始也有10多年。蒋孔阳在80年代的影响更多地在于他的美学史研究,《德国古典美学》出版于1980年,《先秦音乐美学思想论稿》出版于1986年。如果蒋孔阳的美学思想止于80年代,或许他也就是一位美学史家,没有系统的美学理论著作,但蒋孔阳以自己的毅力,克服重重困难最终完成了《美学新论》。该书是90年代中国现代美学史最重要的收获之一,由此也奠定了蒋孔阳美学理论家的地位。大体而言,蒋孔阳的文艺与美学思想一共经历了四个阶段:

第一阶段是文艺理论阶段,开始于40年代,集中于50年代,并一直延伸至90年代,跨度很长。代表作是《文学的基本知识》(1957年)、《论文学艺术的特征》(1957年)、《形象与典型》(1980年)等,奠定了其文艺理论家的地位。

第二阶段是文艺美学阶段,开始于50年代,集中于80年代。代表作是《唐诗的形成及其美学特点》《中国古代绘画中所表现的美学思想》两部遗稿,虽问世较晚,但却是当代文艺美学研究不可多得的佳作。

第三阶段是美学史阶段,分为西方美学史和中国美学史两部分。西方美学史研究开始于60年代初，集中于六七十年代，延伸至80年代，代表作是《德国古典美学》；中国美学史研究开始于70年代末，延伸至90年代，代表作是《先秦音乐美学思想论稿》。

第四阶段是美学理论阶段，50年代后期受到批判后转向美学研究，开始于60年代初，集中于80年代。其美学理论散见于各类论著，集中体现于代表作《美学新论》。

由此，蒋孔阳在文艺理论、文艺美学、美学史、美学理论四个方面都取得了成绩。其中，最有影响的是他的美学理论成就（《美学新论》），而他最心仪的则是美学史成就（《先秦音乐美学思想论稿》）。文艺理论是他的底色（《文学的基本知识》），文艺美学则最富特色。由于其文艺美学研究正式结集出版很晚（1999年），因而至今尚未得到充分的关注。

五、人生路标

以上是思想传记，本书也是按照这四个阶段并以其集中程度来组织的。从传记角度而言，蒋孔阳人生之路有三大标志，或曰路标：第一是从经济学专业进入人文学专业，第二是从文艺理论研究进入美学研究，第三是晚年成就和每况愈下的身体。

第一个路标是作为美学家的蒋孔阳，从经济学走向文艺研究。不像李泽厚等人，一开始进入大学就接受哲学训练，蒋孔阳得益于喜爱文艺的天性和后天勤奋的学习，最终放弃了经济学，受林同济先生之邀在海光图书馆获得施展才华的机会。尽管当初调入复旦时因考虑其非专业性而先在新闻系过渡，但才华是埋没不住的，他很快就被正式调入中文系。蒋孔阳也成为复旦中文系教师中在学历上非人文专业的一个特例。

第二个路标并不是蒋孔阳乐于见到的,这起因于20世纪50年代的学术环境,遭受批判的蒋孔阳只得从事美学研究,而且是美学史研究。然而,悲剧并没有结束,"文革"开始后是长达十年学术研究的中断,让一代学人最好的岁月匆匆流逝。

第三个路标贯穿了其晚年的20年,这是他最好的学术岁月。学术影响日益隆盛,与此同时是渐入老年所不可避免的病体。本来蒋孔阳这两个方面可以先后到来,然而命运如此不公地安排了幸福与不幸。1976年,蒋孔阳已经54岁了。其精力最为旺盛的时间正是从54岁到64岁这个年纪,而这个年纪,有两个要素制约了他的写作:一是健康状况日益恶化。1982年因摔跤而住院,此后身体一直不佳;到了90年代以后,更是不断生病,有时一住院就是几个月,有时候需要疗养几个月才能恢复,可见身体长期处于疲惫状态。二是名声渐起的负累。蒋孔阳除了要讲课,带学生,还有很多学术兼职,尤其是他为其他学者写了近100篇序①。这些序有长有短,多是受人之托,难以推辞。这些序耗去了他很大一部分精力。虽提携后进之心令人敬仰,但影响了自己的研究。一方面,写序需要读原著;另一方面还要写得有意思;再者,序没有体系性,今天一篇,明天一篇,打乱了蒋孔阳的写作步骤。若没有这些因素的影响,其思想代表作《美学新论》更应该在80年代问世,而不至于晚至1993年。

90年代,蒋孔阳进入晚年,继续努力思考和写作,同时参加学术活动,还有探亲访友、安享天伦之乐。但这样的状况并没持续下去,1995年以后,因身体原因,其写作基本已经停止了。

三大路标是蒋孔阳人生经历的形象总结。总体而言,最坎坷的是20世

① 见《蒋孔阳全集》第四卷"文艺与人生"的第二编"序和读后感"。

纪40年代之前,求学生涯的艰难;最苦难的是50年代至70年代,起伏跌宕,遭受批判,但也奠定了他思想的基础;最幸福的是八九十年代,学术大放异彩,但由于身体等原因,也未能充分享受。90年代,几次住院,1999年去世时,前后住了11个月的医院,在41度高烧中告别了他所深爱的世界。

蒋孔阳享年77岁,虽然不失为高寿,但对于一位成就卓著的美学家而言,这一年纪辞世还是有些令人惋惜。司马迁说过,“人固有一死,或重于泰山,或轻于鸿毛”。任何生命只要曾经爱过,追求过,其意义就是不朽的。蒋孔阳的人生虽然可以终止,但因学术生命的融入,却是长青的,值得我们去怀念,去阅读,去阐释,去发扬。

第二章　思入文学

蒋孔阳对文学的思考起步于20世纪40年代，在海光图书馆时期奠定基础，在50年代有了系统的展开，延续至新时期。从40年代到50年代，他主要从事文艺和文艺理论研究，曾到北京大学学习文艺理论，还广泛涉猎中国古典文学、中国现代文学、外国文学、文艺理论等。他从40年代开始了文学之思，一直到生命的最后，都从未止息。40年代的文学之思还尚显稚嫩，属于译介，难成体系，到了50年代中后期，蒋孔阳出版了《文学的基本知识》(1957年)、《论文学艺术的特征》(1957年)，奠定了其文艺理论家的地位。改革开放后，他的文学之思进一步与时代主题相结合，出版了《形象与典型》(1980年)等著作；晚年对当代文学也不时发出批评之声，体现其反思性文艺学的风格。

一、民族化的尝试

20世纪50年代，百废待兴，正值新中国文艺理论教材创建初期,涌现了一批文艺理论教材,其中就包括蒋孔阳的《文学的基本知识》。《文学的基本知识》是蒋孔阳的第一部著作。蒋孔阳明确说,这部书主要参考的是前苏联季莫菲耶夫的《文学原理》,但并不意味着是季莫菲耶夫的翻版。蒋孔阳一方面看到季莫菲耶夫本身的问题,另一方面也强调"文艺理论应当尽可能民族化"。

这是一部非常专业的文学理论教材,同时也打上了时代的烙印,其中典型理论、阶级性、人民性、思想性与艺术性等都是当时文艺理论界突出的时代主题。所以,这是一部马克思主义中国化的文学理论教材。在《文学的基本知识》中,蒋孔阳坚持反映论、认识论、阶级论立场,对文学的基本状况做了说明。总体而言,这部书有以下四个特点:

其一,它不是严格意义上的文学理论教材,而是类似于对知识点介绍的普及读物。全书共分二十八章,若干章相对集中,对某一问题进行讨论。第一章界定什么是文学,第二至四章探讨形象与典型问题,第五至八章讨论思想性问题,第九、十章讨论艺术性和美,第十一、十二章讨论文学的教育意义,第十三至十八章讨论文学的内容与形式,第十九至二十三章讨论创作风格和方法,第二十四至二十八章讨论文学的种类和样式。论述全面,深入浅出,语言朴素,因而适合大中学生阅读,印数也较多。

>>20 世纪 50 年代蒋孔阳先生在备课

其二，它将文学纳入经济基础与上层建筑的结构之中加以讨论。依据马克思主义对上层建筑与经济基础的划分，蒋孔阳提出“文学是一种社会意识形式，属于上层建筑中的思想部分”。这一点在马克思主义文艺理论中是共识，也没有人否认文学属于上层建筑，更具体说就是意识形态。然而，意识形态这个在 20 世纪 80 年代响彻文学理论界的词，在蒋孔阳的著作里却是“社会意识形式”。在以群主编的《文学的基本原理》中，文学正式被称为“社会意识形态”之一。蒋孔阳认为，文学不属于经济基础，其原因在于文学“不是在经济上替社会服务”。这一看法似乎也并不绝对，如今文学产业化、商品化趋势加大，也可以说在经济上替社会服务了。实际上，任何上层建筑都与经济基础有密切的联系，包括看似和经济更远的宗教。当然，这一点在当时还没引起重视。

其三，坚持认识论（反映论）第一位，审美论第二位的立场。蒋孔阳认为文学（作为上层建筑）所起的作用就是“反映现实”，但文学并不都是反映经济基础的，或者并非都具有阶级性（作为上层建筑）和认识性，而只是反映生活本身。蒋孔阳举的例子就是杜甫的《绝句》：“两个黄鹂鸣翠柳，一行白鹭上青天。窗含西岭千秋雪，门泊东吴万里船。”蒋孔阳认为，这首诗没有反映经济基础，因而也不具有认识功能。在这里，蒋孔阳表现了思想的包容性和辩证性。在阶级社会里，文学固然反映经济基础，反映阶级意识，但也有作品“只是我们人类的思想意识对于客观现实的反映”。这一点，更接近于文学的纯粹审美功能。从阶级论上说，将杜甫的《绝句》划出上层建筑之外，这一点是否行得通，这实际触及的是文学的阶级性与非阶级性的问题，或曰文学的共通性问题。对这一问题的思考无形中拉开了蒋孔阳文学观念与阶级论文学观念的距离，体现了他思考的独立性。他认为描写自然的文学、描写人类普遍感情的文学以及一些哲理诗并不具有阶级性。但是这一论点显然与当时主流不符合，以至于后来遭遇批判。

其四，对文学理解的维度较为全面。关于文学的特征，蒋孔阳用思想、情感、形式（形象）、语言四要素来统领。

思想就是指阶级性、人民性、党性、意识形态性等政治标准以及教育意义等道德标准，这在当时被认为是第一位的，蒋孔阳也用大幅文字来说明。

情感就是指能够打动读者，引起共鸣。然而蒋孔阳对情感的讨论在该书中却着墨甚少，只在谈美、诗歌的时候才提到情感，这导致该书总体上偏向叙事文学。比如，形象、典型、情节、结构等从性质上均属于叙事文学。蒋孔阳认为，情感在审美中很重要，“美是具有一定社会内容的感性形象，它具体地体现了人类肯定生活中美好事物的思想、意志、感情和愿望；而在这种肯定当中，它是带有浓烈的感情色彩的”①。可见，审美除了感性外，还包含思想、意志、感情和愿望等要素（为何包括意志、愿望，则语焉不详），因而他反对将审美仅仅局限于感性本身，而这正是西方资产阶级美学家们特意强调的，特别是康德的“无功利”美学观。

形式主要指美感形式，在该书中就是艺术性问题。相比于思想性，艺术

---

①《蒋孔阳全集》第一卷，安徽教育出版社1999年版，第82页。

性是第二位的。所谓艺术性是指“作家通过完整而生动的艺术形象,或者优美的艺术形式,把他所要反映的现实和所要表现的思想,正确地恰当地生动地体现出来,然后在作品中所产生出来的一种强大的艺术感染力量”①。在这里,形式涉及形象、形式、思想、感染力等方面的内容。

就形象而言,蒋孔阳的理解较为宽泛,既包括最重要的人物形象,也包括自然风景、非人的形象,乃至抒情诗本身的情感。形象是文学的主要特性,文学创作通过“个性化”和“概括化”两个方式使形象鲜明而富有普遍意义。形象主要是人物形象,为了塑造人物形象还必须在情节和结构上下功夫。蒋孔阳提出情节安排要以性格为基础,体现在破题、开端、发展、高潮、结局、尾声等阶段。结构是处理整体与局部的关系,要达到“量体裁衣”“层次清楚”“详略得宜”“无斧凿痕”的要求。②

关于形式,蒋孔阳批判了形式主义。他认为形式主义的问题主要在于其主观论倾向,完全缺乏现实依据,比如立体派将人画成三角形等。在这一点上,蒋孔阳的理解是有局限性的,立体派的三角形绝非主观随意之产物,而是表现了新的视觉思维(立体主义)和资本主义人的异化状态(现代主义)。

蒋孔阳认为艺术性的核心是感染力,感染力主要来自于技巧,但却是基于思想性。艺术性有三个标准:第一,作家反映生活的真实性(主要是情感态度,要有真情实感);第二,艺术形象典型化的程度;第三,作家在美学的要求上所达到的高度。概括而言,艺术性就是真实性、典型性和审美性(美感性)的合一。真实性有两个方面:一是客观上的真实性,二是主观上的真诚

①《蒋孔阳全集》第一卷,安徽教育出版社1999年版,第68页。

②《蒋孔阳全集》第一卷,安徽教育出版社1999年版,第133—134页。

性。典型性是指形象的特征性,拥有鲜明的个性特征(即个性化),而不是千篇一律、千人一面。我认为,艺术性的最高标准就是审美性。不过,蒋孔阳在这里则将“美学的要求”理解为“优美的艺术形式”。“优美的艺术形式”首先是承载内容的;其二它能打动读者,能让读者有“美的享受”。由此看来,美的享受似乎来自于形式,但又不同于单纯的技巧。问题在于,何谓“优美的艺术形式”呢?蒋孔阳用了“恰当”“生动”“充分”三个词。对艺术性的探讨远远少于对思想性的探讨,这似乎也决定了当时对美、艺术性等的理解仍然是不充分的,即便是对纯粹的技巧也很少探讨。在当时特定的语境下,对创作方法(现实主义、浪漫主义、社会主义现实主义)的探讨要远远多于对创作技巧的探讨。

>>20 世纪 50 年代蒋孔阳、濮之珍夫妇

语言是文学的塑造手段。这里涉及艺术语言与日常语言、科学语言等之间的关系。蒋孔阳认为,文学语言有三个特征:第一个特征是具体性,而非抽象性。第二个特征是性格化,文学语言是属人的,每一个人物都有不同的语言表现。第三个特征是丰富性,文学拥有丰厚的语言储备,而不是那种粗糙、乏味的语言。提到丰富性,蒋孔阳还批评了当时文学创作语言过于粗糙的现象,"我们今天的一些作家,就太不注意语言的美了。他们的语言,有时简直是粗糙!"①出现这种情况,主要原因在于当时文学创作的主题写作、政策写作等任务过重,作家们无暇静下心来锤炼语言;有些过于追求口语化,以为使用口语就是贴近人民了。这些都导致对文学语言锤炼不够,滑向自然主义、形式主义泥淖。

总体来说,《文学的基本知识》体现了时代特点,是一部有个性的文学理论教材。其中有几点值得思考:一是对思想性、政治性的重视,同时也表现了对叙事文学的重视,大量引用的文学作品是《水浒传》、《红楼梦》、鲁迅小说等。二是将艺术性、美等局限于"优美的形式",没有进一步深入探讨审美本身所包含的精神内涵,而这精神内涵又不仅仅是思想性的问题。因为思想性从根本上说仍然是认识论的,而审美从形式到精神,恰恰是在20世纪80年代被特意强调的。或许可以说,蒋孔阳的审美论已经走到反映论的边缘,但限于时代,还无法真正摆脱反映论。三是蒋孔阳在思考文学的时候表现出对文学单一化理解的反思,比如文学的阶级性与非阶级性,文学的思想性与艺术性的分离等,在阶级一元论、思想一元论等方面,表现出对学术的严谨态度和多元思考的努力。四是对文学细节的理解仍然有充分的现实意义,比如情节、结构、典型化、语言等,达到了时代和个人的高度,对后世也仍有借鉴意义。五是关于

①《蒋孔阳全集》第一卷,安徽教育出版社1999年版,第143页。

读者能动性的讨论还不太充分，强调文学的教育意义，另外对文学鉴赏、批评、消费等着墨不多，对文学四要素（世界、作者、文本、读者）的论述也有些失衡。

二、形象的丰富性

人类的认识过程可以分为感性认识和理性认识，人类的思维形式可以分为形象思维和逻辑思维。然而，这两对概念之间并非一一对应的关系，并不是说形象思维和理性无关，更不能说在层次上形象思维就比逻辑思维低一等。从一开始，蒋孔阳就对形象思维的意义和价值颇为看重，和霍松林、李泽厚等一批学者一起，将形象思维视为打破文艺理论界庸俗化气氛的重要武器。

蒋孔阳从两个方面来确立形象的意义：一是从文学哲学的层次；一是从与逻辑思维相区别的层次。从文学哲学的层次上说，"形象是文学艺术反映现实生活的一种特殊形式"①。形象性是文学艺术的基本特征，这一基本特征是由现实生活所决定的。蒋孔阳所谓的现实生活从根本上说就是人的生活。受到车尔尼雪夫斯基《生活与美学》的启发，他认为，"构成文学艺术的特殊对象和内容的，是人和他的生活……他在这个生活里，行动着、思考着、工作着、恋爱着、笑着、哭着、玩着、闹着……总之，作为文学艺术反映和认识的特殊对象的人和他的生活，就是我们在实际的现实生活中所看到的这个样子"②。显然，在这里"文学是人学"再次被确认。正是由于文学是人学，才具有如此的丰富性和生动性，也才具有形象性。但是，现实生活本身并不是

---

①《蒋孔阳全集》第五卷，安徽教育出版社2005年版，第35页。
②《蒋孔阳全集》第五卷，安徽教育出版社2005年版，第34—35页。

>>20 世纪 50 年代蒋孔阳先生在写作

形象，形象是文学艺术对现实生活的反映，因此，文学艺术的形象就比现实生活更复杂。作家是有选择地、可变地反映现实生活，也就是典型化地反映现实生活。蒋孔阳认为，“形象是文学艺术反映现实生活的一种特殊形式，它以现实生活作为源泉，作为基本的内容，并按照现实生活本身的样式，完整地具体地生动地通过个别的感性形式，把现实生活再现出来”①。这是就反映的本质而言的，是客观层面。从主观层面而言，“在反映的过程中，自始至终贯彻了作家本人的思想认识和评价，渗透了作家个性和感情的色彩，并按照文学艺术在美学上的要求，来对他所反映的现实生活进行思想的和艺术的加工”②。这就是作家的主动性、创造性、个性化的反映。蒋孔阳将二者结合得出了他对形象的完整理解：“形象就是作家和艺术家从他们的思想认识出发，按照现实生活本身那种具体的个性化的感性形式，来对于现实生活进行艺术的概括和集中，然后按照现实生活本身的形式，在文学艺术作品中所直接显现在读者面前的、生动而又完整的、具有一定的美学意义和独特的艺术风格的生活

①《蒋孔阳全集》第五卷，安徽教育出版社 2005 年版，第 43 页。
②《蒋孔阳全集》第五卷，安徽教育出版社 2005 年版，第 43—44 页。

画面。”[1]在这里，现实生活（来源）、作家（创造性）、作品（形象）、读者（感染性）得到了统一。这种将现实生活、作家、作品、读者统筹考虑的做法在当时是具有充分的学术意义的。

关于艺术形象的特点，蒋孔阳提炼为五个，即真实性、具体性、完整性、典型性、感染性。真实性是就形象来源于生活，符合生活的逻辑而言的。具体性是就形象本身的形式特征而言的。完整性是就生活本身的整体性而言的，即生活本身不是抽象的、片面的，而是丰富的、复杂的，即便是人物形象也是如此，不能简单化、绝对化、抽离具体语境。典型性是就艺术形象揭示生活规律而言的，即在典型环境中塑造典型性格，用以揭示某些规律和本质。感染性是就打动读者而言的，打动读者主要靠感情，即将感情注入作品，注入人物之中，而不是抽象的思想。在这五个特点中，真实性、完整性侧重于生活本身，具体性、典型性侧重于作品，感染性侧重于读者，作者则表现为典型性中的个性化投入。

蒋孔阳还从形象思维与逻辑思维相区别的层面上来确立形象的意义。形象思维与逻辑思维有三点区别：第一，逻辑思维以材料为主，形象思维以生活为主；第二，逻辑思维注重普遍性，而形象思维注重特殊性、重视情感、重视细节；第三，逻辑思维的方法是抽象化，而形象思维的方法是典型化。典型化有两个相辅相成的维度，一是个性化，二是概括化，二者的统一是典型化的根本特征。在此，蒋孔阳还反思了典型化的两个极端，一个极端是唯概括化、公式化、概念化，另一个极端是自然主义倾向，即极端个性化。为了实现典型化，具体方法是不可缺少的。蒋孔阳又讨论了典型化的具体手法，如创造的想象、幻想和虚构、突出的刻画、夸张。想象是同具体性联系在一

---

①《蒋孔阳全集》第五卷，安徽教育出版社2005年版，第44页。

起的，而幻想和虚构则是同艺术构思紧密结合的，从而将具体性联接起来。突出的刻画就是注重细节，在细节中发现意义。夸张是将形象放大，以更突出其意义。

蒋孔阳认为，“运用生动的、具体的、能够唤起美感的方式，来进行构思的人类思维活动，我们一般称为形象思维”①。在这里蒋孔阳提出了形象思维在形式上的三个特点，一是“生动”，二是“具体”，三是“能够唤起美感”。生动、具体都可以是非艺术的，而“能够唤起美感”则将形象思维的艺术性揭示出来。“能够唤起美感”即具有“感染力”，打动读者。在艺术世界中，形象思维的结果就是创造形象。所谓形象，就是“作家从他的思想认识出发，运用形象思维的构思方式，通过具体的生动的个别的并能够唤起美感的感性形式，来概括和集中人类社会的现实生活，从而在作品中反映出来的一幅完整的生活画面”②。但是形象又不完全是形象思维的产物，这涉及形象思维和逻辑思维的关系问题。逻辑思维在认识上有助于形象思维更真实地反映现实生活；如果缺乏正确的逻辑思维的支撑，形象思维要创造真实反映现实生活的鲜明形象仍然是不足的。但总体上而言，艺术形象的创造主要依靠的是形象思维，因为艺术形象首先是艺术的。

形象不限于人物形象，也包括景物、感情以及作为整体的作品。蒋孔阳对人物形象做了重点的阐释。形象思维产生了人物形象，但人物形象的核心是人物性格，而不是简单的人物信息、外表。在人物和故事方面，蒋孔阳纠正了轻人物重故事的观点。轻人物重故事是没有理解人物重要性的表现。实际上，文学作品中引人注目的并非故事，而恰恰是鲜明的人物；相反

---

①《蒋孔阳全集》第一卷，安徽教育出版社1999年版，第19页。
②《蒋孔阳全集》第一卷，安徽教育出版社1999年版，第23页。

热闹的故事可能会轰动一时,但只是昙花一现,无法给人以深刻的精神享受。总体来说,“文学作品主要的是写人,不是写事;作家最重要的任务,也是在创造人物,而不是在编制故事”①。这一点尤为重要。只要想想当时作家的主要任务就是图解政策,用文学来反映某个文件,就知道这句话的意义了。然而,作家创造人物并不是目的,目的是“反映出某些方面的社会生活,揭示出一定社会现象的本质”②。这一点虽仍有浓厚的反映论倾向,而不是从审美角度来探讨,但至少表现了对文学历史性、本质性的重视。很多时代性、时尚性的现象未必就体现出了历史的本质。这一点无疑有助于扭转当时文学过分时代化、政策化的倾向。

形象来源于生活本身,但艺术中的形象比生活本身要更生动、具体。为了使形象能被从生活中提炼、创造出来,蒋孔阳认为有两点需要强调。第一是“量”,即“深入生活,多多熟悉生活”③。第二是“质”,即作家体验生活的深刻性与敏锐性。深刻性就是在正确世界观的指导下,全面、客观、深刻地认识社会现实。敏锐性就是对细节的关注,细致观察,从小处、细节发现生活。这样创造的形象才生动、具体、令人耳目一新。在量、质上做足功夫后,还需另外两种功夫。一是选择、剪裁,确定主题思想,而不是漫无边际、没有中心地写作。二是创造性,如果说选择还是以现成为主,那么创造就是在现成的基础上创造出前所未有的形象,这也是创造形象的最高层次。这一最高层次的创造不依赖于时间,即便你准备很充分,但也急不得,必须火候到了才可以。所谓“火候到了”就是“把生活和思想,人物和事件,放在自己灵

---

①《蒋孔阳全集》第一卷,安徽教育出版社1999年版,第118页。
②《蒋孔阳全集》第一卷,安徽教育出版社1999年版,第119页。
③《蒋孔阳全集》第一卷,安徽教育出版社1999年版,第389页。

魂的高炉里，经过长期的'孕育和抚养'，只待明确了，完整了，方才表现出来"[①]。

塑造形象的方法有二：一是"个性化"，二是"概括化"。个性化就是特殊化、具体化，但个性化又不是孤立的，它总是"按照生活本身的逻辑"来塑造。否则，脱离生活逻辑的个性化就会走向"为个性而个性"的自然主义，在这里，个性成为抽象的、空洞的、和生活没有联系的虚假个性。概括化就是抓住形象中反映现实生活中的本质性、规律性的方面，因此具有丰富的认识意义。如果说个性化让作品具有审美意义，那么概括化则让作品具有认识意义。审美意义和认识意义的结合，也即感性与理性的结合，使作品具有"不可抗拒的感染力"[②]。在这里，蒋孔阳始终坚持文学的认识性与审美性的统一，强调文学在思想上的深刻性和在艺术上的形象性，比较好地兼顾了艺术的多方面内容。

对于形象与形象性的关系，蒋孔阳还做了区分。形象是形象思维在艺术创作中的结果，而形象性只是就形象的性质而言。概括而言，"形象是内容与形式的统一，是经过了艺术表现的一幅完整而又生动的生活画面"[③]。这里蒋孔阳强调了形象的"整体性"。"形象性"只是就其具体性而言的，或者就其形式而言。我们说有些演讲的语言具有形象性，但具有形象性的语言未必就是形象，因为它没有上升为一种"完整的生活画面"[④]，而只是一种手段、工具罢了。

蒋孔阳对形象的阐释虽然有待商榷，但是在特殊历史时期是有学术贡

①《蒋孔阳全集》第一卷，安徽教育出版社 1999 年版，第 394 页。
②《蒋孔阳全集》第一卷，安徽教育出版社 1999 年版，第 251 页。
③《蒋孔阳全集》第一卷，安徽教育出版社 1999 年版，第 252 页。
④《蒋孔阳全集》第一卷，安徽教育出版社 1999 年版，第 252 页。

献的。众所周知，在新中国成立初期的那段岁月里，出于特殊的政治气候，我国文艺理论界过分强调概念化和公式化，追求高大全的人物，强调三结合式的割裂创作模式，从概念出发的席勒化倾向战胜了歌德的现实主义。有学者从认识论的角度贬低形象思维的合理性，甚至否定“形象思维”这个概念。此后不久，“文革”风暴席卷全国，形象思维论则彻底被否定，无人再敢问津，直至1977年最后一天《毛主席给陈毅同志谈诗的一封信》发表之后才重见天日。

>>《形象与典型》书影

新时期以来，蒋孔阳有感于百花凋残、万马齐喑的文艺衰败局面，出版《形象与典型》一书，并发表相关论文，为形象思维正名，对此前的论点做了进一步的深化。

首先，打破对形象思维的庸俗化解释。在一般人心目中，形象只是具体事物的形象，艺术家依据形象思维所创造的形象，不过是对现实生活的再现，不能称之为形象。形象思维本身既无美感可言，更没有理性认识的高度和深刻，较之理性思维和逻辑思维要低一些。这种庸俗的解释甚至可以追溯至古希腊柏拉图的模仿说，它抹杀了艺术家在用形象思维从事艺术创作过程中的创造力，将艺术家等同于匠人；而对于一般读者而言，由于不从事具体的文学艺术创作，很难深入到艺术过程的细微之处，极易为此种观点所迷惑。蒋孔阳在谈论形象思维时，始终以艺术实践为依据，按照艺术的特性加以理解和阐释。他认为，根据艺术的实践，艺术是要创造艺术形象的，作为艺术思维的特殊方式的形象思维，所思维的形象自然要是艺术形象，而绝不是停留和执著于事物的具体形象。此外，他还援引马克思在《〈政治经济学批判〉导言》中关于人类掌握世界的四种方式等有关论述，以及毛泽东关于神话"是一种不同于科学的'思想形式'"等有关论述指出，"否定思维的多种形式，否定形象思维是一种思维形式，不仅不符合文学艺术的客观实践，而且也不符合马克思主义经典作家根据这一客观实践所作出的科学论断"①。这样，蒋孔阳就打破了那种认为形象思维永远只能停留在感性认识阶段，永远不能上升到理性认识阶段的错误认识。在当时的时代语境中，这赋予了形象思维以尽可能高的地位。

其次，分析形象思维与逻辑思维的关系。蒋孔阳坚持在"感觉能力与理解能力结合"这样的大前提下来讨论形象思维问题，主张形象思维和逻辑思维虽然是两种不同的形式，但不是完全对立或排斥的。在形象思维中，抽象思维同样起着作用。问题在于能不能说形象思维是"通过感性的形式来对现实进行理性的分析和综合"②。在许多人看来，这样的说法违背了马克思主义认识论的普遍规律，否定了抽象与概念，无视人类认识世界从低级到高级、从简单到复杂的过程。但蒋孔阳恰恰坚持认为，形象思维是可以通过感觉与理解能力的结合，达到对现实的理性认识。艺术家贡献的作品，无论是杜甫"朱门酒肉臭，路有冻死骨"的诗句，还是拉斐尔的绘画，抑或是革命宣传招贴画，都是通过感性的形象呈现理性的认识。透过这些纷争，其实能够

---

①《蒋孔阳全集》第一卷，安徽教育出版社 1999 年版，第 279 页。
②《蒋孔阳全集》第一卷，安徽教育出版社 1999 年版，第 297 页。

窥见蒋孔阳背后的真实用意，就是超越二元对立的思维，尽可能从现实、实践和作品本身来认识艺术和美，而不是用已有的思维条框去为人类的思维形式排出个座次。实际上，这是与西方现代主义哲学，特别是詹姆士、柏格森、乔伊斯等人的意识流理论与实践有暗合之处的。例如詹姆士就强烈反对要将人类的意识领域加上条条框框的理性束缚，而强调意识领域有着自己的一套区别于逻辑思维却又自足的运行规则，也就是说，所谓的形象、抽象、感性、理性的概念分类，只是不谙真相却又自以为是的人类的妄加揣测而已。

最后，梳理总结形象思维的历史和特点。认识形象问题，既要从艺术出发，也要从历史实践出发。蒋孔阳对古希腊直至前苏联时期的形象思维理论进行了系统的梳理，认为在西方历史上形象思维理论经过了从萌芽到自觉、到形成、再到在马克思主义指导下的发展四个时期。他还通过对中国文论中关于“比兴”“神与物游”“胸有成竹”等概念的分析，强调形象思维“是从人类长期的艺术实践过程中所总结出来的客观规律，而并不是某些人所能够任意杜撰出来的”①。他系统分析了文学形象在形式方面的特点——个别性、具体性、生动性、丰富性、完整性，以及内容方面的特点——真实性、典型性、倾向性、感染性，指出：“为了要塑造形象，我们就必须按照形象本身的特点，采用形象思维这一特殊的思维形式，来进行构思。”②蒋孔阳从艺术构思的方式（个别性）、出发点（生活原型）、过程（形象酝酿）、方法（典型化）、效果（以情动人）等五个方面讨论形象思维与逻辑思维之间的区别，总结指出“文学艺术应当按照文学艺术创作的特殊规律，用形象思维来进行艺术构思”③。

---

①《蒋孔阳全集》第一卷，安徽教育出版社 1999 年版，第 355 页。
②《蒋孔阳全集》第一卷，安徽教育出版社 1999 年版，第 278 页。
③《蒋孔阳全集》第一卷，安徽教育出版社 1999 年版，第 314 页。

三、个性与真实

典型是马克思主义文艺理论的重要概念之一,在20世纪50至70年代的中国文艺理论界具有重要的地位。在中西方哲学史、美学史和文化史上,典型都是一个至关重要的概念。另外,在汉语里,许慎《说文解字》载:“型,铸器之法也。”段玉裁注曰:“以木为之曰模,以竹曰范,以土曰型。”“典型”与“范型”“模范”“典范”义近,都是由铸物的模子引申为“模范”“典范”等义。在西方语言中,根据朱光潜先生在《西方美学史》中考证,其英文Type源于希腊语Tupos,而后者与希腊语中的Idea为同义词。Idea本来也是“模子”或“原型”的意思,有“形式”和“种类”的涵义,引申为“印象”“观念”或“思想”。由这个词派生出的就是“理想”,从字源看,“典型”与“理想”密切相关。

文艺作品中的“典型”就是理想与现实、个别与一般的统一。典型的艺术形象代表了作品艺术水准的高低,它是从一般现实中提炼出理想的个别,进而体现社会生活的本质和规律。典型从来不是机械的模仿,它有着柏拉图所说的“理念”或“形式”的涵义,代表了超越于此岸世界的理想形象。典型也不是脱离现实的空中楼阁,而是扎根于浑厚宽广的大地与人类生老病死的命运。典型本身无所谓褒贬贵贱,像阿喀琉斯之勇猛、海伦之美丽是一种典型,如答尔丢夫之虚伪、夏洛克之贪婪也是一种典型,再如阿Q、孔乙己之不幸与不争,也是一种典型。典型能够在瞬间抓住读者或观众的心灵,如康德所说的极大数量或极大危险之物那样,拥有排山倒海、扑面而来的力量。它是艺术家对现实生活能动反映的结果,有着鲜明的独创性、深刻的思想性、高度的审美性和强烈的艺术感染力,能给欣赏者留下经久难忘的印象，产生巨大的社会效应。

“典型化”是文学艺术的灵魂，无论是典型人物的塑造，还是典型环境的渲染，抑或是典型事件的描述，都体现出作家的功力。在马克思主义文艺学，特别是社会主义现实主义传统中，典型化也受到高度重视，形成了包括马林科夫的“本质说”和“党性说”，前苏联《共产党人》杂志发表的专论《关于文学艺术中的典型问题》提出的“个别一般统一说”，以及巴人的“代表说”，何其芳的“共名说”，钱谷融的“个性说”等多种派别。

在20世纪50年代，蒋孔阳提出典型的“个体化”和“规律性”：“通过个体化了的具体有特征的人物和事件，来概括和体现现实生活中某些本质方面的规律性。”①并且始终坚持“个体化”要优先于“规律性”，因为文学艺术首先表现为形象性，“所以典型就始终只是一些个体化了的，我们可以从感觉上来把握的特殊的东西”②。蒋孔阳还区分了艺术典型和社会典型。社会典型并不具备个性化的特征，而是以反映规律性为特征，比如列宁讨论的“仆从”就是社会典型。艺术典型虽然也体现规律性，但“没有什么纯粹的本质的东西”，也就是说艺术典型本身不是本质、规律，它只是通过形象来体现某种本质和规律。因此艺术典型的本质、规律是隐藏的、间接的。所以蒋孔阳非常明确地反对将艺术典型等同于本质、规律，“我们却绝对不能够简单化，把典型仅仅归结为本质或规律”③。在这方面，蒋孔阳体现了对认识论的反思和向艺术审美论的靠拢。首先，认识本质和规律并不意味着能创造出艺术典型，这说明认识能力和审美能力并非因果联系，而是相对独立的。其二，艺术典型的创造主要遵循艺术规律，而非主要遵从认识规律，是通过感

①《蒋孔阳全集》第一卷，安徽教育出版社1999年版，第27页。
②《蒋孔阳全集》第一卷，安徽教育出版社1999年版，第28页。
③《蒋孔阳全集》第一卷，安徽教育出版社1999年版，第30页。

受、体验等进行艺术的典型化创造。因此，所谓典型就是“文学艺术通过生活本身那种具有鲜明的个性特征的、具体的感性形式，反映了现实生活中某些方面的本质规律，而又达到了一定的思想高度和美学思想的一种艺术形象”[①]。在这里，典型是个体性、规律性（仅仅是某些规律）、审美性的统一。这一看法在当时也是很有学术水准的。

蒋孔阳对典型性格的思考也很深入。典型主要指典型人物，而典型人物的根本就是典型性格。典型性格是个体性与群体性的统一。在阶级社会，这个群体性就是阶级性，但是典型性格又不等同于阶级性。第一，蒋孔阳认为，现实生活并不局限于阶级斗争，因而典型性格也未必时时处处都体现阶级性。比如贾宝玉，蒋孔阳认为他不属于封建地主阶级，也不属于资产阶级，因而使用阶级论是无法解释贾宝玉的性格的。第二，蒋孔阳认为某些典型性格往往超越于阶级的局限，而具有全社会、全人类的特性，比如阿Q就不仅仅局限于农民。对典型性格的阶级性（职业性、群体性）的复杂情况的讨论显示了蒋孔阳独立思考、严谨的学术态度。与典型性格相关的还有典型环境。蒋孔阳反对将典型环境一概视为阶级斗争，也反对那种认为典型环境中的人物必然是典型人物的简单观点。在典型环境中也可能产生不典型的人物，而在同样的典型环境中可能产生不同的典型人物。蒋孔阳之所以如此说，就在于他特别强调典型性格的积极性。所谓积极性，就是说某一人物并不是被动受制于环境，他的成长有赖于他的性格逻辑（人物性格本身发展的逻辑）。

但是，随着时代的发展，“统一说”逐渐成为压倒性的主流意见，并且钳制了其他不同声音。它要求典型必须是时代和阶级的代表，规定典型的共

---

①《蒋孔阳全集》第一卷，安徽教育出版社1999年版，第31页。

性、普遍性只能是阶级性，而个性必须是阶级性的具体体现。如此，在“十七年文学”，特别是“文革”期间，“三突出”“高大全”无比泛滥，英雄人物、反面人物和普通人物都被脸谱化、样板戏化，几十个或上百个人的共同点被抽象出来概括到一个人身上，后来发展到把所有的优点或缺点集中到一个人身上，风靡一时，贻害甚深。

20 世纪 70 年代末以来，随着思想界日趋理性和成熟，对典型化的误区做了反思。蒋孔阳就痛惜地说：他们“把阶级、社会本质、代表、英雄人物等概念，加以类型化，制成一块块铁的‘样板’，用来套在人民的脖子上，束缚社会主义文艺的发展”①。为此，在粉碎“四人帮”后，蒋孔阳连续发表了《典型、典型化、典型环境》《典型问题与文艺创作》《谈谈阿 Q 的典型性问题》等论文，提出了以“个性化”为原点、以现实生活为基础的典型理论。

哲学上讲，个别与一般是对立统一的关系，个别产生于一般，一般是由个别来组成的。没有脱离一般的个别，也没有完全一样的一般。在美学领域，个性与共性的统一才是产生形象之美的根源。如果只有共性化，就无法产生具有个性的类型形象；相反，只有个性化，则容易流于自然主义，使形象缺乏共性，反映不出生活的本质。典型的事物中更显著地表现着客观现实的本质、真理。美是客观事物的本质、真理的一种形态，相对于原理原则那些抽象的东西来说，它是具体的。正是从美的具体化出发，蒋孔阳提出了自己的观点：要让个别成为典型的基本特征，要让“个性化”成为文艺创作的基本方向。

他认为通过个别反映一般，通过具体的艺术形象反映普遍的社会规律，是典型的基本特征。因此，“按照文艺的特殊规律来塑造典型，就必须始终

①《蒋孔阳全集》第一卷，安徽教育出版社 1999 年版，第 423 页。

扣住个别：从个别开始，以个别告终”，“离开了个性化，也就没有典型化”。[1]蒋孔阳所说的“个性化”并非泛泛而论，而是有着十分明确的内涵。他认为个性化有两层意思：“一是指文艺的典型必须始终通过个别的形式来进行典型化，二是指文艺的典型必须具有独立自主的个性。”[2]这两层意思分别指向创作者与作品中的人物，比较全面地阐释了个性化问题。更为可贵的是，蒋孔阳结合当时的社会现实赋予典型的个性化以思想解放的意义。他指出：“我们今天谈典型的个性化，就是从理论上来要求我们的作者，不仅要塑造出能说会道以及会走路的个别形象，而且要反映出不再受专制独裁的奴役而是作了主人的广大人民群众那种自觉的个性特征。”[3]显然，这样充满自由精神的对“个性化”的阐释，不仅促进了20世纪80年代文学的繁荣，而且赋予文艺和文艺理论以解放思想的重任。

个性化的实现并不是抽象的，也不是理论上的，而是遵循个性化的逻辑：首先，要体验生活，“抓住生活的具体特点”[4]，或者说就是“发掘典型化的原型”[5]，第二，要使用偶然性、想象、虚构、夸张、幻想等方法，从而使个性化得到解放，达到丰满、突出、生动的艺术效果；第三，要“结合生活本身发展的逻辑过程”，从而避免抽象的哲学认识论，更加贴近艺术性。

蒋孔阳强调典型创作中“个性化”的重要性，强调典型应该具有鲜明独特的个性，但他并未忽视典型化中的“概括化”，未忽视典型应具有广泛的共性。他认为概括化是典型化所必不可少的方面，典型人物应能概括社会上

①《蒋孔阳全集》第一卷，安徽教育出版社1999年版，第429页。
②《蒋孔阳全集》第一卷，安徽教育出版社1999年版，第429页。
③《蒋孔阳全集》第一卷，安徽教育出版社1999年版，第429—430页。
④《蒋孔阳全集》第一卷，安徽教育出版社1999年版，第430页。
⑤《蒋孔阳全集》第一卷，安徽教育出版社1999年版，第404页。

某一类人的共同特征。然而，蒋孔阳在论及典型化时总是将重心放在个性化上。在论及典型人物的概括性时，他指出："典型的根本意义，还不在于代表性，而在于通过具有一定艺术成就的形象，来深刻地反映社会生活本质规律的某些方面。所谓本质，是指一种现象或事物的质的规定性，它的内在的特点。"①这可以说是从哲学的高度重新审视典型中所谓本质的一面，从而避免了以往将典型人物的"本质"直接规定为阶级性、代表性、平均数等的简单做法。蒋孔阳以阿 Q 为例，说"阿 Q 的性格，超过了农民阶级的范围，浸蚀了不少封建统治阶级的思想意识，从而与封建统治阶级，有着许多共同的地方"②。针对所谓典型人物的共性是"非个性化"的说法，即个性中的共性是共同性的，蒋孔阳通过对果戈理小说《死魂灵》中的泼留希金、玛尼洛夫、梭巴开维支、罗士特莱夫等性格判然有别的典型人物的分析，指出："共性既然是构成典型的一个重要方面，当然也必须是个性化的。例如地主阶级的阶级性，这是共性，但反映到果戈理的《死魂灵》中，就变成非常个性化的阶级性。"③

蒋孔阳对以往三种对典型环境的认识进行了分析。首先，他认为将典型环境宽泛地理解为时代背景是无法解释具体文艺作品的特殊性的，也就是说，在同一时代背景下的文学作品就只能有一种典型环境，这显然是错误的。其次，他认为将典型环境理解为作品中所描写的环境也一样有局限性，因为在相同的环境中也会产生不同性格的人物，也就是说无法解释一部作品中特定人物形象的特殊性。再次，他认为将典型环境理解为以典型人物为中心所形成起来的环境，每个典型人物都有他自己独特的典型环境的看

①《蒋孔阳全集》第一卷，安徽教育出版社 1999 年版，第 396 页。
②《蒋孔阳全集》第一卷，安徽教育出版社 1999 年版，第 439 页。
③《蒋孔阳全集》第一卷，安徽教育出版社 1999 年版，第 431 页。

法也一样是有缺陷的,因为这种看法将整体的社会环境分解成碎片,是不符合现实情况的。

蒋孔阳对上述三种对典型环境的看法进行综合,认为典型环境并不是上述三种环境中的任何一种,而是人物的环境、作品所描写的环境、作品所反映的时代背景这三者的统一体。他的这一看法可以说是真正将马克思主义反映论贯彻到底的,相比以往将典型环境虚化为"时代背景"或落实为"阶级斗争",都更合理、更科学。

在对马克思主义关于典型环境与典型人物观点的阐释上,蒋孔阳提出了自己的看法。第一,典型写作要兼顾局部和整体,不能以局部带整体。第二,典型性要与真实性相统一,就是要真实地反映当时的历史本质和规律。第三,马克思主义典型理论有力地反驳了种种对典型环境做抽象化的理解,同时对无产阶级创作起着重要的作用。

综上可见,蒋孔阳无论是对典型形象的分析,还是对典型环境的研究,都是以个性化和真实性为探讨的起点。这就为克服文艺研究中的庸俗社会学倾向做出了重要的贡献,为挣脱文艺创作中概念化、公式化的模式提供了切实可行的途径。同时,又因为蒋孔阳始终强调个性化与反映社会本质规律的辩证关系,所以又为抵制文艺创作中的主观化、非理性化倾向提供了有力的保障。

四、反思性文艺学

在《论文学艺术的特征》(1957 年)一书中,蒋孔阳以更具挑战性的姿态讨论文学艺术的基本特征。在该书里,蒋孔阳对形式主义和庸俗社会学做了系统反思和批判。

从形式主义角度来说，马克思主义与资产阶级艺术观点发生了正面的碰撞。资产阶级艺术观点主要体现为对文学艺术的特征做感性化、形式化的理解，而摒除其现实内容。比如蒋孔阳对康德审美判断的批评就是认为，康德“力图剥夺掉审美判断中的现实内容和思想内容，使它成为纯形式的”①。这一点恰恰是康德对审美自足性的强调，而并不意味着摒弃了现实内容。因为现实内容是艺术作品本身就具有的。并且，现实意义、思想意义同功利性也不是同一概念。康德等西方近代美学家所要强调的审美自律并不意味着就是否认美的现实内容，只是二者的侧重点不一样。在这里，蒋孔阳的论点可能和西方近代以来的审美自律观念发生了错位。西方近代美学家之所以特意强调审美形式、审美自律乃是审美现代性发展的必然结果，他们试图将艺术从宗教、政治、经济、科学等重重重负中解脱出来。严格地说，这并不意味着就是摒除艺术的现实内容，而是看到现实内容很可能在某些方面压制了艺术，比如政治。马克思主义美学观点是从起源角度来探讨文学艺术的，具有总体性，而西方近代美学则是从社会区分的角度来谈的，宗教、科学、艺术各司其职，各有特性。从区分角度来说，马克思主义的美学观点和西方近代美学观点是有相通之处的，都是对艺术形象特征的重视。另外，蒋孔阳对西方现代艺术的反抗性也因时代的局限没有做深入的探讨，而一概将其划归资产阶级美学观点之中。由于西方资产阶级意识形态的渗透，反意识形态的艺术则凭借艺术自律而自觉同意识形态划清界限，尽量不受其影响。不过，无论审美如何自律，它都脱不开资本主义的束缚和规范。蒋孔阳对资本主义艺术作了马克思主义的分析自然是时代使然。当然，这些时代的错位并不是蒋孔阳个人的问题。

---

①《蒋孔阳全集》第五卷，安徽教育出版社2005年版，第8页。

>>《论文学艺术的特征》书影

在《论文学艺术的特征》中,蒋孔阳还专门用了很大篇幅来批判庸俗社会学。什么是庸俗社会学呢?“简单地说,就是这样一些批评家,他们抹煞了文学艺术的特征,不按照文学艺术本身特殊的规律,通过艺术形象以及艺术形象所反映的丰富而复杂的现实生活,来具体地分析作品的内容和形式,评价它的思想内容和艺术价值,而是简单化地从预先想好了的一些标准或者流行的概念出发,来硬套到作品上去,要求作品来适合这些标准或概念。”①庸俗社会学就是从概念出发、从教条出发来评判艺术。概括而言,庸俗社会学表现在以下几个方面:

第一,用阶级成分取代具体的阶级分析,走向简单化、静止化;一旦确定某一人物的阶级成分,就胡乱套用,而丝毫不做具体的艺术分析。比如,如果作家不是农民,那他就是地主,其作品必然反映地主阶级意识,因而一无是处;反过来说,如果是农民,写得再差也是好作品。

第二,是“把作品产生的时代背景与作品本身所反映的生活内容,或者

①《蒋孔阳全集》第五卷,安徽教育出版社2005年版,第80页。

把作家的思想与作品本身所表现的思想，互相混淆或等同起来”[①]。时代背景和作品内容并不一致，但有些批评家却过分追求二者的一致性，走入繁琐的考证当中。很多时代背景并不直接反映在作品内容中，作品内容也并非一一对应于时代背景。这种纯粹的外部研究并不能真正解释文学。比如，清朝既然是异族统治，清代文学就应该反映民族思想，于是就在作品内容中找这些思想。所以蒋孔阳说，“作品的思想内容，应当从作品本身形象上去分析，而不应当仅仅从时代背景当中去探求，更不应当把时代的思想当成作品的思想”[②]。第二种做法将作家思想和作品思想混淆，也是错误的。作品的思想是经由形象而表现出来的，它并不等同于作家思想。作家思想和作品思想的矛盾性和不一致性也非常多。

第三，庸俗社会学总是“去另外树立一些原则、一些标准，并拿这些原则和标准来要求作品”[③]。也就是说从抽象的原则出发去评判作品。有些标准和原则固然是正确的，但庸俗社会学不是从作品出发，而是从教条出发，用教条去规范作品，缺乏对作品的具体分析，从而导致对作品理解的概念化、公式化、简单化、粗暴化和绝对化。这种现象在当今也较为突出。

第四，庸俗社会学抹煞本质与现象、内容与形式的区别，将本质和内容作抽象化的理解，总是想将纷繁复杂的现象概括为几个本质，并用这几个本质来解释文学、评判文学。由于从本质出发，庸俗社会学对细节的诠释就会出现牵强附会。不区分本质与现象其实就是割裂本质与现象的关系，或者坚持“本质主义”的态度，忽视现象本身的丰富性与复杂性。庸俗社会学还将内容与形式割裂，片面强调内容，而反对形式，以为只要是好的思想内容，

---

①《蒋孔阳全集》第五卷，安徽教育出版社 2005 年版，第 85 页。

②《蒋孔阳全集》第五卷，安徽教育出版社 2005 年版，第 86 页。

③《蒋孔阳全集》第五卷，安徽教育出版社 2005 年版，第 88 页。

形式就不用太多考虑，这也导致一些粗制滥造、图解政策的艺术作品泛滥。

简言之，庸俗社会学的根本错误就是“忽视了文学艺术的特征，不按照文学艺术本身特殊的规律来理解和分析作品，而只是把一些社会学上的观点，或者把马克思列宁主义当成教条，简单地套到文学作品中来，结果，自然是牛头不对马嘴，对文学艺术不仅没有帮助，而且起着极大的妨害作用”①。为了防止庸俗社会学的危害，蒋孔阳提出批评家应该谦虚，把作品放在第一位，而不是把自己的成见放在第一位，尽量客观公正地评价作品。

然而，这一富有创见的批评却遭受误解和批判。1960年，蒋孔阳遭受批判，被打入另册。今天来看，蒋孔阳对庸俗社会学的批判仍有意义。如今很多文学批评依靠的主要是西方的一整套批评理论，如结构主义、解构主义、后殖民主义、女性主义等，而不顾及文学作品本身，这同样是庸俗社会学的表现。可是，我们对这些缺乏必要的反思，还以为是方法论创新的结果呢，实际上都是在误解、曲解作品本身。当然，我们不是反对使用新方法，而是强调不要过度阐释，不要带着偏见去阐释，不要做偏离作品本身的阐释，不要将作品中没有的意思强行注入作品本身。否则，说是阐释作品，其实阐释的只是你的观念而已。

进入新时期，蒋孔阳对艺术批评的的艺术标准作了深入思考。这一思考的背景是“文革”时期将政治标准无限放大导致对艺术标准的放逐。在《谈谈文艺批评中的艺术标准》一文中，蒋孔阳系统探讨了艺术标准问题。所谓艺术标准就是“一方面，它要求结合文艺的特殊规律，从艺术上来分析和评论作品；另方面，在分析和评论时，要求对作品在艺术上的成就和不足，

①《蒋孔阳全集》第五卷，安徽教育出版社2005年版，第92页。

作出实事求是的评论”①。第一个方面是依据、原则，第二个方面是在依据、原则基础上做出优劣高下的评判。文艺的特殊规律就是“形象性”。离开了这一形象性的特殊规律，再做任何优劣高下的评判都不是艺术评判。依据形象性又该做怎样的评判呢？蒋孔阳提出了艺术批评的四个标准：一是“形象的生动性与典型性”。生动性就是具体性、可感性，而典型性是指生动性本身所承载的普遍内涵。纯粹的生动性只是表面的，而具有典型的生动性则是丰富的。二是“感情的真实性与真挚性”。这一点是就艺术家的感情而言的，要求艺术家在创造的时候要表达真实的感情，不是虚假的感情，同时这种感情又是真挚的，而不是肤浅的。三是“形式的完美性和独创性”。这是对形式的强调，形式的完美是指寻找到恰如其分的表现形式，而形式独创性则强调个性。有的时候，完美的形式未必是独创的、个性的，有可能是袭用、化用，而独创性则饱含个性。完美的独创性就是将个性与形式发挥到最高境界。四是“美学的感染性与愉悦性”。这是就读者的接受状况而言的，也是蒋孔阳一直坚持的文学艺术的“感染性”。这里蒋孔阳将感染性与愉悦性结合起来。愉悦性是一种正面的、积极的感情，即便有些作品令人伤心也能让人感到愉悦，同中国传统诗学中的“哀而不伤”近似。另外，蒋孔阳在结尾还提到艺术家在创造时也要依靠艺术标准创造，而不是靠别人（包括首长、政策等）去创造。“严肃地忠实于艺术的作家，最好的办法是走你自己的路！”②这句话在新时期仍是掷地有声的。

进入20世纪90年代以后，蒋孔阳还在一些文章中表达他对文艺创作与批评标准的理解，特别是在1992年，他在一些文章和访谈中探讨了这一

---

①《蒋孔阳全集》第四卷，安徽教育出版社1999年版，第652页。

②《蒋孔阳全集》第四卷，安徽教育出版社1999年版，第657页。

问题。

关于对评论家的要求,蒋孔阳指出有三点:第一点是要有理论。因为艺术家在创作的时候是离不开理论的,那么理论家的评论就更离不开理论了。第二点是要有争论,有百家争鸣的气氛。第三点是要做研究,尤其是做深入的研究。①

关于通俗文学的标准问题,他对通俗文学的"高标准"表达了自己的看法。通俗文学虽然浅显易懂,但也有它的标准,就是要有"价值的观念",不能因为通俗文学的浅显而让渡真、善、美的价值深度;要有"长远的观念",不能因为当下的效应而让渡作品不朽的意义;要有"群众的观念",群众并不是傻子,过分粗俗的作品群众是不喜欢的,不要讨好群众,而要真正为群众提供高质量的精神产品。②

蒋孔阳对当时文艺创作的状况提出了批评,他区分了优秀的作品和伟大的作品。"优秀作品有轰动效应,但没有历史效应,经不起历史的考验,而真正伟大的作品,却历久不衰";"优秀作品有市场效应,在市场上引起了重视,但缺乏学术效应,经不起研究,而真正伟大的作品,能经得起研究";"优秀作品有社会效应,但没有艺术效应……它们没有树立起新的形式、新的思想,在艺术上经不起考验,没有带动一个时代"。③ 这一点是切中文学时弊的。今天的中国文学界不也正在产生如此之多的优秀作品,有销量而伟大的作品却一再阙如,这是不是没有以高标准来要求自己的结果呢? 值得我们思考。

蒋孔阳对文学创作的"精神性"问题有批判性的思考。蒋孔阳参加1992—1993 年度上海长中篇小说评奖活动时,适逢上海学界的"人文精神大

①《蒋孔阳全集》第四卷,安徽教育出版社 1999 年版,第 51—53 页。
②《蒋孔阳全集》第四卷,安徽教育出版社 1999 年版,第 59—61 页。
③《蒋孔阳全集》第四卷,安徽教育出版社 1999 年版,第 63 页。

讨论”。蒋孔阳在与学生郜元宝的对话(《当代文学八题议》)及相关文章中,从不同角度集中阐释了他对当代文学精神性的要求。所谓精神性就是文艺创作的价值性问题,是其哲学维度。他认为小说创作要攻占“生活的制高点”,呈现“人们所赖以安身立命的根本”[①]。他强调艺术创作需要抓住“生活的最高原理”[②],从而使作品有深度、有力度,而不是漂浮在生活的表层,满足于对琐碎生活的复制。他提出当代文学要“百年积德,万年养气”[③],就是弘扬中国文化的正气。蒋孔阳这些点滴思考都契合时代,表现了一代学人的理想主义情怀。

---

①《蒋孔阳全集》第五卷,安徽教育出版社 2005 年版,第 627 页。
②《蒋孔阳全集》第五卷,安徽教育出版社 2005 年版,第 623—625 页。
③《蒋孔阳全集》第五卷,安徽教育出版社 2005 年版,第 641 页。

第三章　西学镜像

蒋孔阳很早就接触西学，阅读西方思想家著作，最能体现其西学成就的是其西方美学史研究。蒋孔阳从20世纪50年代的文艺理论研究到60年代以后的美学研究，这一转向有其时代因素，那就是其较具学术性的文艺理论研究受到批判[①]，从而导致他无法再正常进行文艺理论研究，逐步转向了美学研究。1961年，蒋孔阳发表最早一篇探讨西方美学史的论文，同年开设了“西方美学”课程；在60年代还翻译了《近代美学史评述》等论著，70年代完成《德国古典美学》，晚年主编《西方美学通史》（七卷本）。蒋孔阳通过对西方美学史近40年的研究，不断拓展自己的学术视野、增强自己的问题意识，从而为其从西学镜像走向中国立场奠定了基础。

①1960年4月至5月，上海召开49天的批判修正主义大会，蒋孔阳成为重点批判对象。《读书》《上海文学》等刊物上均刊有针对蒋孔阳的“修正主义文艺思想”的批判文章。

一、美学史及其评价

蒋孔阳美学史研究是其学术研究的重要组成部分。美学是一门直至近代才真正成熟的学问。蒋孔阳将美学的发展划分为三大阶段。第一阶段是审美意识。蒋孔阳从四个方面概括审美意识的特点。其一,审美意识的出现在于人与现实的分离,人意识到自己与世界的非一体性,于是,主客体关系得以确立。其二,在这一主客、内外区分中,人逐渐建立了审美意识,即按照“美的规律”从事生产活动。其三,审美意识从性质上说是感性的,但不同于纯粹的感性,而是具有一定理性的感性。这种感性是审美意识的基本特性,符合人类精神发展的历史规律,即感性发展先于理性发展。其四,审美意识具有目的性和精神性,因而使得审美实践日益走向社会性。第二阶段是美学思想。相比审美意识的内在性,美学思想有了文字载体,也具有理性的形式。美学思想有零星和系统之分。西方最早的系统性美学思想出现在柏拉图和亚里士多德的著述里,至今他们的论述(如模仿论、诗学观念等)都是西方美学史的经典。其后,美学不断发展壮大。到了近代,各类艺术形式、美学观点等不断涌现,最终导致美学学科的建立。关于美学学科的建立者，有两种说法，一种认为是维柯，另一种认为是鲍姆嘉通。蒋孔阳认为，维柯的贡献尚缺乏明确的目的性，相比而言，鲍姆嘉通的贡献更明确。鲍姆嘉通认为美学的研究对象是“感性知识的完善”。这体现了德国理性派的基本观点，即理性高于感性，感性向理性发展。尽管鲍姆嘉通的定义是有问题的，但至此美学学科得以建立；后世学者从各个方面进行探讨，不断丰富了对美学的认识，取得了一批又一批的成果。在此背景下，撰写美学史成为学术发展的内在要求。在中国，第一位系统撰写西方美学史的美学家是朱光潜，其代表作是《西方美学史》。

既然要评价蒋孔阳的美学史研究，那么首先要看蒋孔阳是如何对美学史研究进行评价的。一个案例就是他对朱光潜《西方美学史》一书的评价。蒋孔阳用了“两个特点”“五个优点”“三点不足”来分析《西方美学史》。就“两个特点”而言，第一点是《西方美学史》具有丰富的知识性，“写得比较扎实，不仅有史有识，有证有论，能够给读者带来丰富的知识，而且对于西方美学历史中具有代表性的美学家和美学流派，都能作出比较切合实际的评述和论断”①。第二个特点是该书“学风上的朴素无华和文风上的深入浅出”②。朱光潜“总是先把名词解释清楚，把概念弄清楚，然后原原本本地把问题交代清楚，再举通俗的例子来加以说明”③。

蒋孔阳认为，《西方美学史》的优点最核心的地方在于作者自觉运用了唯物主义（历史唯物主义和辩证唯物主义），具体体现在五个方面：其一是整体化，也就是从整体审视局部。不仅是针对美学史，即便是对某一美学

①《蒋孔阳全集》第三卷，安徽教育出版社1999年版，第660页。
②《蒋孔阳全集》第三卷，安徽教育出版社1999年版，第660页。
③《蒋孔阳全集》第三卷，安徽教育出版社1999年版，第662页。

>>1978 年蒋孔阳、濮之珍夫妇在复旦大学校门前留影

家，也是从其整体的思想体系来审视，“善于从全局出发，先抓其大者，然后以大观小，小者的意义就像经过放大镜一放，十分显豁地突出在我们的面前”①。其二是历史化，就是注重某一美学思想的起源、发生、发展、演变以及各流派之间的历史影响，不做抽象的、泛泛的讨论。其三是比较研究法，“从历史发展的对比中，来评论一个美学家的历史地位”②。对比使我们理解不同美学家、美学流派之间的差别，同时也增进我们对某一美学家、美学流派

①《蒋孔阳全集》第三卷，安徽教育出版社 1999 年版，第 664 页。
②《蒋孔阳全集》第三卷，安徽教育出版社 1999 年版，第 669 页。

的理解。其四是具体化,就是具体问题具体分析。具体化表现在两个方面:一是对某些概念不做绝对化的理解,而要探讨“名”与“实”的复杂关系,同一个概念可能完全不同;二是对某些美学思想不做片面化的理解,不进行简单的否定和肯定,因为有些美学思想虽然并不正确,但也有合理的内容,应该加以吸收。这种态度也是科学的态度。其五是完整性。无论是就全书而言,还是就对某一美学家、美学流派的探讨而言,都是完整的、体系化的。蒋孔阳对《西方美学史》五个优点的分析是到位的、中肯的。

评价不能一概说好,任何事物也不都全是优点。在此,蒋孔阳看到了《西方美学史》存在的三点不足,这三点不足也可以说点得很到位。第一点是《西方美学史》没有将唯物主义贯彻到底,在分析某些美学思想的时候,社会历史维度仍然欠缺或表现不充分。第二点是对某些美学思想没有给予充分的理解和评价。比如蒋孔阳指出的叔本华、尼采、弗洛伊德等人的美学思想,《西方美学史》就没有反映。第三点是《西方美学史》对艺术(史)的关注不够,也就是说没有将艺术的维度纳入美学史写作之中,只是就美学史而谈美学史。这一点始终是蒋孔阳美学实践所反对的。

总体而言,蒋孔阳对《西方美学史》的评价是客观中肯的,从学术世界观、方法论两个方面做了评析。尤其是关于其不足的部分,体现了蒋孔阳独到的学术眼光;不是将美学史理解为单一的美学史,而是将社会、历史、艺术、美学合一,从而展现美学史的广阔空间。这一点在今天仍然有启发意义。

二、马克思主义学术史观

《德国古典美学》是蒋孔阳的代表作。从 1962 年开始写作到 1965 年写就，1977—1978 年做了“认真的大修改”[1]，1980 年出版，前后用了 18 年的时间，可以说是一段历史的见证。就学术史意义而言，《德国古典美学》是中国西方美学史研究领域的第一部断代史著作，具有学术研究的前沿性和精深性。蒋孔阳写作《德国古典美学》的时候，正值中年（40 多岁），思想已渐趋成熟。这部书以马克思主义的基本观点，对德国古典美学进行思想描述与学术评价。

>>《德国古典美学》书影

依据马克思主义的基本观点，蒋孔阳深入探讨了德国古典美学产生和形成的阶级基础和社会基础、唯心主义本质、思想渊源、历史地位等四个问题。其中，第一和第二个问题集中体现了马克思主义的基本观点。第三个问题属于思想前因描述（即“史前史”），第四个问题属于学术评价。在第二至五章，主要侧重于思想描述（即“正史”），中间也含有马克思主义批评，但最重要的批评是最后一章，即第六章“对于德国古典美学的批判”。这个批判不是蒋孔阳的批判，而是资产阶级左翼、资产阶级右翼和马克思主义对德国古典美学的批评，这一部分是对德国古典美学影响的评价，也可以视

①《蒋孔阳全集》第五卷，安徽教育出版社 2005 年版，第 841 页。

之为“批评之批评”。

蒋孔阳认为,德国古典美学的阶级基础是德国资产阶级,“在政治上,它既不能像法国的资产阶级那样,进行大胆的暴力革命,确立资产阶级的统治地位;在经济上,它又不能像英国的资产阶级那样,大力地推动产业革命,相比之下,德国的资产阶级是软弱无力的”①。为什么会如此呢?这是德国资产阶级所处的社会历史条件所造成的。当时德国的社会状况是生产力遭受破坏、诸侯割据、交通不便,难以产生国际市场、缺乏国内市场,于是资产阶级不得不依附于封建贵族,相应地也得到了封建贵族的支持,如费希特、黑格尔等。软弱的资产阶级属性使得他们在面对法国大革命的时候态度矛盾,在思想上欢呼雀跃,在行动上裹足不前。然而,在这样的阶级基础上产生的美学体系为什么又是如此丰富呢?这就需要从社会基础方面来加以解释:

其一,“资产阶级革命和资本主义生产方式所造成的社会政治生活的巨大变化”②。辩证法取代形而上学,成为当时的思想趋势。但是德国古典美学的辩证法却是唯心主义的,将社会矛盾转化为思想矛盾。德国古典美学家们看到社会问题,但解决问题的方式却是非现实的。尽管他们无力解决社会问题,但他们对思想问题的分析却对美学史产生了重要影响,他们“对美学和艺术中的一些根本问题,如像美的本质、文学艺术的特殊规律等,进行了前所未有的比较深入细致的研究”③。

其二,德国古典美学是面对当时文学艺术的发展所提出的新的美学问

①《蒋孔阳全集》第二卷,安徽教育出版社1999年版,第6页。
②《蒋孔阳全集》第二卷,安徽教育出版社1999年版,第14页。
③《蒋孔阳全集》第二卷,安徽教育出版社1999年版,第16页。

题而产生的。德国18世纪中叶出现了文学艺术的高峰。文学艺术的繁荣给美学提出了新的问题。当时德国的文艺“要求想象力的解放和作家创作上的自由，要求主观的感情色彩和生动的现实印象，要求作家从封建领主的保护下走向独立自主的创造性，要求摆脱古典主义清规戒律的束缚走向绚丽多彩的现实世界，要求对‘帝王将相’的描写转向资产阶级平凡生活中的卑微感情，要求把悲剧性和喜剧性按照生活的实际情况统一起来，要求于美之外再去描写崇高、描写丑……”[①]这些都成为德国古典美学的课题。但是德国文艺的繁荣受制于德国当时的阶级基础和社会基础，不可能走向现实的革命性，相反却走向了精神、情感、理想。可以说，德国文艺与德国古典美学有影响与被影响的关系，但总体上德国古典美学没有进一步引导德国文艺走向纵深。

其三，当时自然科学的发展对于德国古典美学所产生的影响。一是宗教的影响力衰落，科学和理性日益深入人心，德国古典美学“在逻辑上却具有严密的科学性，在内容上也能够反映出一定的客观的真实”[②]。二是辩证法成为重要的思想方法，使德国古典美学“克服18世纪形而上学唯物主义的片面性，把美学在唯心主义的形式下推进到了一个新的阶段”[③]。

蒋孔阳的上述分析主要表现了马克思主义看待事物的唯物主义特点，主要是历史唯物主义，亦即从阶级基础、社会基础两个方面来探讨德国古典美学的产生与形成。这是外在的。从更为内在的角度来说，马克思主义美学史的基本任务在于回答存在与思维的关系问题。在马克思主义看来，德

①《蒋孔阳全集》第二卷，安徽教育出版社1999年版，第18—19页。
②《蒋孔阳全集》第二卷，安徽教育出版社1999年版，第21页。
③《蒋孔阳全集》第二卷，安徽教育出版社1999年版，第22页。

国古典美学是唯心主义的。第一,从内容上说(提出问题),德国古典美学将现实问题转化为思想问题。他们认为现实出问题,主要原因是思想出问题了。第二,从方法上说(解决问题),德国古典美学解决问题的方向是走向思想,而不是走向现实;也就是说,解决了思想领域中的问题就能解决现实领域中的问题。"精神的自由,道德的自主,人格的完善,以及由于对资本主义关系所造成的分裂和残酷现实的不满,因而向往古代希腊的民主制度与和平静穆的生活,就成了德国古典美学的基调。"①

三、断代史的全景呈现

虽然《德国古典美学》是断代史,但蒋孔阳始终立足整体联系,全景式地讨论,而不是割裂地谈论那些美学家。蒋孔阳首先描述的是德国古典美学的"史前史"。德国古典美学的思想渊源主要有三个:一是 18 世纪启蒙运动,二是英国经验派美学,三是德国理性派美学。

启蒙运动倡导理性、反对宗教、反对封建,德国古典美学吸收了理性,摒除了形而上学,但却放弃了反宗教、反封建的现实性。所以,"从系统的完整性和思想的周密性来说,德国古典美学超过了法国启蒙运动的美学;但从现实的战斗意义来说,则德国古典美学是法国启蒙运动美学的倒退,远远赶不上法国启蒙运动的美学"②。

就美学理论本身而言,英国经验派美学、德国理性派美学对德国古典美学的影响更为直接。英国经验派美学"注重感觉经验的心理分析,都是经验

---

①《蒋孔阳全集》第二卷,安徽教育出版社 1999 年版,第 29 页。
②《蒋孔阳全集》第二卷,安徽教育出版社 1999 年版,第 33 页。

主义"，"从经验的事实出发，用归纳、比较、观察等方法，来研究美感经验的形成"，"把美感的来源，归之于感觉上的快感和痛感"①。英国经验派美学对康德影响最深，首先康德接受了"英国经验派关于经验是知识的来源的讲法"②。但是康德又不满足于经验，他要去"探求先于经验的、也就是先天的知识形式"，这一观点来源于休谟。不过，柏克思想对康德影响更深，他"接受了柏克关于美与崇高的区分；其次，他同意柏克关于审美活动是经验范围以内的事，是关于快与不快的感情的事"③。康德从经验派那里得到许多启示，但他最终走向了唯心主义的先验美学。英国经验派美学对美感经验的强调自然是合理的，但美感经验除了个人性、经验性之外，还有普遍性、规律性的方面，这一方面是德国理性派美学所要探讨的。比如莱布尼兹的"天赋观念"（类似先天知识，或康德所说的先验）、鲍姆嘉通的《美学》等，尤其是后者。鲍姆嘉通确定了美学的研究对象是感性知识的完善（完满性），这对德国古典美学产生了重大影响。但康德对后者也有所否定，如康德对感性知识的完善的理解不是从内容（概念和效用）上着眼，而是从形式（非概念性、无功利性）上着眼。英国经验派美学和德国理性派美学一个偏重经验，一个偏重理性。在德国古典美学那里，往往是用德国古典美学所认为的双方合理的部分来批判其所认为双方不合理的部分，并试图调和二者，最终建立一套完整的唯心主义美学体系。

蒋孔阳描述的第二个方面是"正史"，这是该书第二至五章的内容。德国古典美学共有六位具有代表性的美学家。第一位是康德，蒋孔阳认为，他

①《蒋孔阳全集》第二卷，安徽教育出版社 1999 年版，第 47 页。
②《蒋孔阳全集》第二卷，安徽教育出版社 1999 年版，第 49 页。
③《蒋孔阳全集》第二卷，安徽教育出版社 1999 年版，第 50 页。

是一个充满矛盾的美学家。蒋孔阳认为,“康德思想发展的道路,是从自然科学到神学、从向往革命到畏惧革命、从前批判时期的唯物主义到批判时期的主观唯心主义”①,这一概括是恰当的。蒋孔阳对康德美学做了细致的分析和评述,主要从以下几个方面整体评价康德美学,敏锐地指出康德美学的特点与局限。

第一,从研究方法上说,康德美学是唯心主义的,“他不从客观现实当中所实际存在的美学问题出发,而从他的哲学体系出发,根据他的哲学体系的需要,把主观的合目的性当成美学研究主要的出发点,这就完全是主观唯心主义的研究方法”②。

第二,从研究内容上说,康德美学是主观的,“他所着重研究的不是客观现实,而是人的主观意识”③。

第三,从思想立场上说,康德美学以主观唯心主义来调和经验派美学和理性派美学,最终还是让客观现实服从于主观意识。蒋孔阳辩证地看到康德在美学史上的巨大贡献,一是“他能够把美学当成人类认识现实的一个重要的独立方面来研究,并严格地区分了审美活动与其他认识活动的区别,深入地研究了审美活动的特殊规律,使美学继鲍姆嘉敦之后进一步成为一门独立的科学,这不能不说是他的重大的历史贡献”④。二是“他强调指出审美判断既要以个别的现象作为对象,又要具有普遍性和必然性,这对于提高审美活动的认识意义,而又并不违反审美活动的独特性来说,也是具有重要的

①《蒋孔阳全集》第二卷,安徽教育出版社1999年版,第71页。
②《蒋孔阳全集》第二卷,安徽教育出版社1999年版,第81页。
③《蒋孔阳全集》第二卷,安徽教育出版社1999年版,第81页。
④《蒋孔阳全集》第二卷,安徽教育出版社1999年版,第82页。

意义的”[①]。第一点是康德的美学史贡献，其代表作《判断力批判》成为继《美学》之后的另一部经典美学著作。第二点是康德对审美特征的深刻而系统的描述，将个别与整体、特殊与普遍紧密结合起来，从而避免审美判断滑向脱离普遍性的个人主义（相对主义）和脱离个别性的观念主义。

第四，从表现形态来说，康德美学是“矛盾”的。这一矛盾源于德国资产阶级本身的矛盾性。就康德而言，其矛盾的根源在于他“徘徊于经验派美学与理性派美学之间，徘徊在浪漫主义与古典主义之间”[②]。虽然康德看到了很多问题，但解决矛盾的方法是形而上学的。他把矛盾的对立统一关系绝对化，而后再加以调和，因而不可能从根源上或现实性上加以解决。

第五，康德美学对后世的影响巨大。“以后资产阶级唯心主义的美学家，差不多都在不同程度上受到他的启发，并在他的启发下，探讨美学上的各种问题。”[③]但是，康德美学本身的缺陷，即他的“先验的唯心主义、主观主义、形式主义以及脱离实际的反历史主义”[④]，却在后世资产阶级美学那里得到了发展，成为西方现代各类美学思想共同的源头，因而对康德美学的批判反思也就具有正本溯源的作用了。

第二位是费希特，蒋孔阳认为他是一个崇尚“自我”的哲学家。费希特的主要目的“就是要唤醒人们精神上的觉悟，提高人们对于道德自由的信念”，“把精神的活动看得远远高于物质的实践活动”。[⑤] 费希特哲学的核心是“自

---

①《蒋孔阳全集》第二卷，安徽教育出版社 1999 年版，第 82 页。
②《蒋孔阳全集》第二卷，安徽教育出版社 1999 年版，第 135 页。
③《蒋孔阳全集》第二卷，安徽教育出版社 1999 年版，第 135 页。
④《蒋孔阳全集》第二卷，安徽教育出版社 1999 年版，第 135 页。
⑤《蒋孔阳全集》第二卷，安徽教育出版社 1999 年版，第 141 页。

我”:“除了你所意识者而外,没有别的东西了,你自己就是事物。”①费希特不满足康德对物自体与现象界的划分,他用自我来取代物自体。无疑,费希特的哲学就是自我的哲学。这一点给“当时的浪漫主义美学思想提供了理论武器和哲学根据”②。关于费希特对浪漫主义的影响,蒋孔阳从三个方面来论述:

第一,费希特对自我的强调,给浪漫主义提供了哲学基础和理论武器。第二,费希特的自我是自由的、无限制的。第三,费希特的“理智的直觉”对浪漫主义也产生了重要影响。康德认为,对物自体理智是无能为力的,而费希特认为,虽然理智无能为力,但“理智的直觉”却可以。大体而言,费希特本身的美学思想相对来说比较匮乏,但是将费希特对自我的哲学强调转化为浪漫主义对自我的审美强调,这一点应该是费希特美学的历史影响。不过,蒋孔阳将浪漫主义定位为反动的,还是有失偏颇。其实浪漫主义也是西方资产阶级重新发现自己在艺术上的表现,也是反抗理性压迫的表现,由此艺术发展的历程也从模仿论走向了表现论。尽管浪漫主义的政治立场有反动的方面,如回归中世纪、回归古希腊等,但他们在对自我的维护和强调上,还是比较符合艺术创作规律的,也给后世留下了积极的启示。

第三位是谢林,蒋孔阳认为他是一位坚持艺术“绝对原则”的美学家。谢林深受康德和费希特的影响,特别是费希特。但是,他又不满意费希特对自我的强调。他认为,自我和非我都是有条件的,都不是绝对的,并且非我不是自我的产物。于是,在费希特那里自我创造非我的论调,在谢林看来就不合法了。那么,自我和非我又如何统一呢?谢林说统一在“绝对”。“绝对”将自我和非我的差异性泯灭,达到绝对的统一。这就是谢林的“同一哲

①《蒋孔阳全集》第二卷,安徽教育出版社1999年版,第143页。
②《蒋孔阳全集》第二卷,安徽教育出版社1999年版,第145页。

学”。自我和非我同一在“绝对”上,实际上仍然同一在精神上,也即自我上。这一点同样给予浪漫主义以影响。蒋孔阳说,如果说费希特为浪漫主义解放了自我,那么谢林为浪漫主义解放了自然。谢林的美学体系建立在他的哲学体系上,具体说就是同一哲学的“绝对”原则。这个“绝对”原则仍然是精神性。“绝对”原则的精神性分裂之后就形成了千差万别的世界了。或者用谢林的话说,“绝对”原则犹如艺术家,整个世界是艺术家创造的。

谢林对美和艺术的看法比较宽泛。在谢林看来,人类的一切活动都可以称为艺术。艺术高于哲学,因为“艺术则把整个的人带到认识的最高点”①。在蒋孔阳看来,这明显有抬高艺术的嫌疑,“要使诗高于哲学,高于一切科学”②。就其根源而言,蒋孔阳认为这表现了没落封建贵族的思想意识,“他们已不能够通过理性来认识世界,他们把绝对化了的、也就是神秘化了的诗和艺术,拿来自我欺骗,并在自我欺骗中,达到逃避现实的目的”③。蒋孔阳的批判有其合理之处,但将浪漫主义一概视为没落封建贵族的思想意识,看不到浪漫主义对理性的反抗、对哲学的反抗,则是值得商榷的。

谢林不认可艺术模仿论、理想论的观点,他认为“艺术是绝对精神的表现”,“艺术的目的是在于揭示真正存在的东西”④。可以说,在谢林的艺术观里,艺术就是“瞬间见出本质”。蒋孔阳认为,这样的观点将宇宙精神视为第一性,无疑是唯心主义的。此外,他还认为,任何瞬间都是时间关系中的瞬间,如果离开了时间关系,瞬间只能是抽象的瞬间,也就失去了应有的意义。这一点表现了谢林在方法论上的机械性和形而上学性。

---

①《蒋孔阳全集》第二卷,安徽教育出版社 1999 年版,第 160 页。
②《蒋孔阳全集》第二卷,安徽教育出版社 1999 年版,第 161 页。
③《蒋孔阳全集》第二卷,安徽教育出版社 1999 年版,第 161—162 页。
④《蒋孔阳全集》第二卷,安徽教育出版社 1999 年版,第 166 页。

谢林认为认识事物本质的方法不能依靠科学的理智，而要依靠非概念的直觉。直觉来源于灵感，具有灵感的人就是天才。天才将无意识发挥至极致。蒋孔阳认为，从起源上来说，谢林将天才的灵感视为艺术的起源，这完全是唯心主义的。不过尽管如此，这一点对浪漫主义却产生了重大影响，直觉、天才、灵感成为浪漫主义的主要内容。因而，蒋孔阳认为"近代资产阶级美学史中的直觉主义、神秘主义、反理性主义等倾向，严格说来，是从谢林开始的"①。其实，费希特的"理智的直觉"也对浪漫主义产生了重要影响。由于谢林谈论艺术更多，所以蒋孔阳的这一判断比较明确地指出了谢林在美学史上的地位。

谢林通过神话来对比古代艺术和近代艺术。谢林认为，哲学的题材是理念，艺术的题材是神话。神话是一个象征的体系，不同于哲学（通过一般表现个别）和寓言（通过个别表现一般），是特殊与一般的统一。就具体作品而言，古代神话体现了种族性，而近代神话体现了个性。对此，蒋孔阳认为，"谢林离开了创造神话的人以及神话的社会基础，而把神话抽象出来，孤立起来，应当说是完全错误的"②。就艺术起源而言，蒋孔阳的批判是合理的。不过，谢林对古代与近代艺术的区分仍有积极之处，他比较明确地指出了古代与近代艺术在创作形态上的不同特点。

谢林认为，艺术的发展就是绝对精神从物质形式中解放出来的过程。于是，绝对精神和物质形式成为艺术的两个维度。谢林就是要让艺术"通过有限的形式来表现无限的概念，有限的形式是物质、肉体；无限的观念是精神、灵魂。艺术应当使物质的形式去为精神的内容服务。艺术发展得愈高，

---

①《蒋孔阳全集》第二卷，安徽教育出版社 1999 年版，第 164 页。
②《蒋孔阳全集》第二卷，安徽教育出版社 1999 年版，第 165 页。

它就愈是能够超过物质的东西”[①]。从美学史角度来说，谢林对艺术物质形式与精神内容的分析影响了黑格尔。可以说，黑格尔的艺术观受到谢林的深刻影响，在黑格尔那里，艺术的发展也更复杂。当然，最终走向“艺术终结”，则是谢林所没有想到的。

第四位是歌德，他是一位具有唯物主义倾向的美学家。歌德和席勒有很多相似和相通之处。他们早年都曾具有反叛的个性，但由于阶级的软弱性，他们晚年“都想通过文学艺术，通过审美的教育，来达到他们认为革命所达不到的目的”[②]。不过，他们也有巨大的差异。歌德“更偏重于实际”[③]，他的“思想倾向基本上是唯物主义的，他的创作态度也基本上是现实主义的”[④]。而席勒就不同了，席勒更像一位哲学家，热衷于哲学思考，更为内向一些。在创作方法上，歌德从现实出发，是现实主义的；而席勒从理想出发，是理想主义的，或者说是浪漫主义的。蒋孔阳总结了二者的差别，“一个研究自然科学，一个研究唯心主义哲学；一个注重现在，一个追求理想；一个从客观现实出发，一个从主观想像出发”[⑤]。

关于歌德、席勒在德国古典美学史上的地位，蒋孔阳认为，歌德是“唯一具有唯物主义倾向的美学家”，歌德“虽然并没有全部去掉唯心主义的观念，但他所继承的，基本上不是从康德以来的唯心主义美学，而是从莱辛、赫尔德等人一线相传的启蒙运动者唯物主义的美学”[⑥]。歌德虽然没能使德国古

---

①《蒋孔阳全集》第二卷，安徽教育出版社 1999 年版，第 167 页。
②《蒋孔阳全集》第二卷，安徽教育出版社 1999 年版，第 171 页。
③《蒋孔阳全集》第二卷，安徽教育出版社 1999 年版，第 171 页。
④《蒋孔阳全集》第二卷，安徽教育出版社 1999 年版，第 172 页。
⑤《蒋孔阳全集》第二卷，安徽教育出版社 1999 年版，第 174 页。
⑥《蒋孔阳全集》第二卷，安徽教育出版社 1999 年版，第 175 页。

典美学从唯心主义走向唯物主义，但却使德国古典美学从主观唯心主义走向了客观唯心主义，其关键在于歌德影响了席勒。席勒“在歌德的影响之下，打算调和主观与客观、理性与感性的企图，对以后谢林和黑格尔的美学，产生了某些影响”①。因此，“席勒的美学可说是从康德到黑格尔的一个转折点，而歌德则在这个转折点上起了重要的推动作用”②。这就是二人在德国古典美学史上的重要而特殊的地位。

关于自然与艺术关系的论述是歌德美学的重要方面。歌德关于自然与艺术关系的论述，蒋孔阳概括为三个方面：

其一，自然与美的关系。在论述自然与美的关系的时候，歌德提出了创造美的两种方式，一种是“为一般而找特殊”，一种是“在特殊中显出一般”。③ 歌德的创作是后一种，而席勒是前一种。

其二，艺术应当从客观自然出发。由于歌德在自然与艺术的关系上有唯物主义的倾向，所以在文艺创作上，歌德认为应该从客观自然出发。在歌德那里，“把握现实”比“表现主观”更重要。但是，歌德有时候又主张从“预感”和“魔性精神”来谈创作。这些都是理性所不能理解的。对此，蒋孔阳认为，歌德的这种看法“明显是反理性的、神秘主义的”④。蒋孔阳的批判不是没有道理的，但是，文艺创作是理性与感性的结合，有的时候又有一些非理性的因素，这是不奇怪的。

其三，自然的真实与艺术的真实。歌德认为，“艺术的真实必须以自然

①《蒋孔阳全集》第二卷，安徽教育出版社 1999 年版，第 175—176 页。
②《蒋孔阳全集》第二卷，安徽教育出版社 1999 年版，第 176 页。
③《蒋孔阳全集》第二卷，安徽教育出版社 1999 年版，第 181 页。
④《蒋孔阳全集》第二卷，安徽教育出版社 1999 年版，第 187 页。

的真实作为基础”[①]。歌德是非常反感虚伪(不真实)的东西的。为了创作符合自然真实的艺术真实,歌德对艺术创作提出了要求。蒋孔阳将其概括为四个方面:一是“作家和诗人应当写他熟悉的东西”,二是“要善于掌握事物的特征”,三是“注意细节描写的真实性”,四是“注意环境描写的真实性”。做到了这四点,艺术真实就是有基础、有根据的。歌德对自然真实与艺术真实的看法是唯物主义的,但也有其缺陷。蒋孔阳认为,歌德最大的缺陷是从艺术创作层次或方法论层次来谈自然真实与艺术真实的,没有上升到哲学(唯物主义)的层次。歌德只看到艺术家,而看不到社会和历史。就此而言,歌德的美学思想有唯物主义的倾向,但性质上不是唯物主义的,充其量也只是现实主义的。正是由于其未达到唯物主义哲学层次,在有些观点上就会出现以下两个错误:一是,只讨论艺术的创作论、方法论维度,而不讨论艺术的社会历史维度(认识性与革命性维度);二是,在讨论艺术创作的时候会不自觉地走向神秘主义、反理性主义。

歌德美学的第二大方面是他对古典主义和浪漫主义的讨论。歌德很鲜明地表达了对古典主义的认可和对浪漫主义的贬低。歌德对古典主义的强调不仅是从创作上着眼的,蒋孔阳认为,这表现了歌德“通过对于古代希腊理想的追求,来逃避和反对法国革命”[②]。就创作方法而言,强调古典主义无可厚非,但就政治立场而言,强调古典主义的确有逃避现实的嫌疑。于是,蒋孔阳从政治方面来讨论歌德尊古典抑浪漫的积极作用,其基本语境是浪漫主义逐渐分化,其消极性开始突显。蒋孔阳指出,早期浪漫主义(法国大

①《蒋孔阳全集》第二卷,安徽教育出版社 1999 年版,第 188 页。
②《蒋孔阳全集》第二卷,安徽教育出版社 1999 年版,第 197 页。

革命之前)“代表新兴的资产阶级,具有强烈的叛逆精神,鲜明的反封建的色彩”[1]。但是,法国大革命之后,浪漫主义分化了,有的从空想社会主义角度批判资本主义,有的从封建主义角度批判资本主义,后者在德国尤其影响深刻。在此意义上,反对反动的浪漫主义,歌德尊古典抑浪漫就有了合理的因素。

第五位是席勒,他用审美来促进感性与理性的统一。对于席勒的美学思想,蒋孔阳以《审美教育书简》和《素朴的诗和感伤的诗》两部著作为研究重点。

蒋孔阳认为《审美教育书简》“形成了一个严密的思想体系”,也是席勒美学思想的“代表作”,“在西方美学史中也占有不可忽视的地位”[2]。席勒为什么要写这些信,是因为他相信“改革社会,实现自由,根本不应当采取革命的手段,而应当采取他所认为的审美教育的道路”[3]。因此,蒋孔阳认为,席勒是“用审美教育的道路,来否定了法国革命的道路”[4]。也就是说,席勒认为用革命并不足以实现当时的理想。席勒对近代人的分裂的分析揭示了资本主义生产方式的异化特征,蒋孔阳认为这是“正确的、卓越的”,是“本书的精华,值得肯定”[5]。然而,这一分析虽然正确,但解决的道路却是错误的。马克思主义主张用革命的方式来推翻资本主义,而席勒认为,改变人性的分裂只能要求“道德上的自我完善和人格的提高”[6]。这样,席勒将社会问题转变为思想问题、道德问题、人性问题,蒋孔阳认为席勒的美学思想也必然是

---

①《蒋孔阳全集》第二卷,安徽教育出版社 1999 年版,第 198 页。
②《蒋孔阳全集》第二卷,安徽教育出版社 1999 年版,第 203 页。
③《蒋孔阳全集》第二卷,安徽教育出版社 1999 年版,第 205 页。
④《蒋孔阳全集》第二卷,安徽教育出版社 1999 年版,第 205 页。
⑤《蒋孔阳全集》第二卷,安徽教育出版社 1999 年版,第 217 页。
⑥《蒋孔阳全集》第二卷,安徽教育出版社 1999 年版,第 207 页。

"空想的,唯心主义的"。席勒为了实现他救治人性分裂的伟大理想,特别注重文学艺术的教育作用,把文学艺术看得很高、很纯粹。为了培养这些高尚的、纯粹的艺术家,席勒建议让他们生活在希腊般的世界里,而后再回到现实。显然,这些脱离现实、脱离生活的想法都是荒诞不经的。但蒋孔阳认为,如果这些就是席勒美学的全部的话,那他也就不是一位伟大的美学家了。席勒"在深入地、细致地分析美和艺术的过程中,来证明艺术确实可以通过美的外观,在不需要革命的平静的内心生活中,达到潜移默化地改造人和教育人的目的","他的分析涉及了历史和现实中的许多问题",①这才奠定了席勒在美学史上的地位。

席勒接受康德的看法,将人性划分为理性和感性两部分,认为人具有两种对立的因素,一是"人本身",二是"情境"。人本身是形式,是不变的,而情境是变化的,是世界。在变与不变中,人有两个相反的要求,一是实在性(感性),二是形式性(理性)。实在性是针对人本身而言的,形式变为实在,也就是实现人自身。形式性是针对情境而言的,变化的世界具有形式,从而达到和谐。为了实现这两个要求,就需要某种力量。席勒将这种力量命名为"冲动"。对第一种要求(实在性)而言,就是"感性冲动";对第二种要求(形式性)而言,就是"形式冲动"(为了更好的理解,也可以称之为"理性冲动")。感性冲动"要把人本身以内的必然性的东西转化为现实,变成物质的存在";形式冲动"要使情境中的实在东西获得理性的形式,在变化中见出和谐"。②席勒用自己的方式重新解释了康德提到的感性与理性。感性与理性本应是统一的,但人类很少达到,尤其是在近代,理性和感性的分裂更加剧烈。那

①《蒋孔阳全集》第二卷,安徽教育出版社 1999 年版,第 208—209 页。
②《蒋孔阳全集》第二卷,安徽教育出版社 1999 年版,第 209 页。

么如何使感性和理性达到统一呢？这就需要第三种冲动，就是"游戏冲动"。在游戏冲动中，自然的必然性和道德的必然性都得到克服。游戏冲动使感性与理性、生活与形象（形式）相统一。席勒通过游戏冲动试图将感性与理性、形式与生活统一起来。蒋孔阳认为这一点比康德最终还是落入了主观的形式的观点要"前进了一步"①。

席勒的另一部著作是《素朴的诗和感伤的诗》，这是一篇论文。蒋孔阳认为，《素朴的诗和感伤的诗》和《审美教育书简》有两点差异：第一，后者主要探讨哲学美学问题，前者主要探讨文艺的具体问题。第二，后者受到康德的深刻影响，前者更多地受到歌德的影响，也促使席勒的创作从浪漫主义（感伤）转向了现实主义（素朴）。促成这种转向的，还有一点，就是浪漫主义逐渐表现出反动的倾向。为了扭转这种倾向，席勒和歌德都做了思考。他们共同的方向都是"把古代的艺术拿来和近代的艺术相互对比"②。虽然二者用词不同，但内容是一致的。古今对比是十八九世纪之交的一种学术风潮。席勒的《素朴的诗和感伤的诗》没有走入古希腊或中世纪的不归路，而是用以疗治近代艺术，或者为近代艺术的发展提供自己的思考，所以"在当时的历史条件下来说，确实是前进了一步"③。

席勒对素朴的诗和感伤的诗的分析是以分裂感性与理性为前提的，蒋孔阳认为这种分析方法是"抽象的唯心主义性质"的④。蒋孔阳还指出席勒美学的"资产阶级人性论"观点的局限性。席勒意图通过审美教育弥合感性和理性的分裂、通过素朴的诗和感伤的诗的统一弥合感性与理性的分裂，最

---

①《蒋孔阳全集》第二卷，安徽教育出版社 1999 年版，第 212 页。
②《蒋孔阳全集》第二卷，安徽教育出版社 1999 年版，第 218 页。
③《蒋孔阳全集》第二卷，安徽教育出版社 1999 年版，第 219 页。
④《蒋孔阳全集》第二卷，安徽教育出版社 1999 年版，第 227 页。

终使人性得到和谐。这些都是缺乏历史分析和社会分析的，因而也是抽象的，很难落实和实践。

当然，蒋孔阳也没有忽略席勒关于素朴的诗和感伤的诗的分析所具有的重大的学术价值。其一，席勒“第一次比较明确地、详尽地探讨了文学艺术历史上的两种基本的创作方法——现实主义和浪漫主义”，“它们之间的关系和区别，却不能不说是具有一定的历史功绩了”。“他最早把现实主义的基本特点确定为描写现实，把浪漫主义的基本特点确定为表现理想，也应当说基本上是正确的”。[①] 蒋孔阳将现实主义和浪漫主义做了创作方法上的理解，这种观点有其合理之处；但现实主义和浪漫主义还是一种文艺思潮，产生于特定的历史阶段和社会基础之上，因而有发生、发展、变化的过程（如现实主义、批判现实主义、自然主义等），这一点仍然不能忽略。或者说，对现实主义、浪漫主义应该从多方面加以理解（历史的、理论的），而不能仅仅止于创作方法论。实际上，席勒之所以侧重于方法上的分析，也是其有意无意回避现实生活斗争的表现。真正的方法不是来自于理论上的说明，而是来自于现实的实践。席勒只是总结提炼了现实主义和浪漫主义的方法，而无法从创作实践上推动现实主义和浪漫主义的发展，更不要说推动社会的进步和发展了。其二，席勒指出朴素的诗容易将偶然的自然视为自然，从而走向庸俗，这一点“在反自然主义和保卫现实主义上面也是有功的”[②]。其三，席勒指出感伤的诗都应该具有“崇高的理想”，使个人的情绪上升为普遍的情绪，这一点“在反对当时反动的浪漫主义上面，也是有其一定的历史功

①《蒋孔阳全集》第二卷，安徽教育出版社1999年版，第228页。
②《蒋孔阳全集》第二卷，安徽教育出版社1999年版，第228页。

绩的"①。

最后一位是黑格尔，德国古典美学的集大成者。蒋孔阳认为，黑格尔美学的贡献在于"他能够把辩证法全面地运用到美学研究的当中来"②。但是，黑格尔的辩证法是颠倒的辩证法，是唯心主义体系上的辩证法。这就体现了黑格尔美学最大的矛盾性。

关于黑格尔美学，辩证法是最突出的。辩证法自古即有，与黑格尔同时代，也有哲学家使用，但是"像黑格尔那样全面地有意识地把辩证法运用到哲学和美学中来，并把它当作唯一的方法的，却是前无古人"③。蒋孔阳认为，"辩证法的基本特点，就是在于能把自然界和人类社会描写为一个具有内在联系的、合乎规律发展的历史过程"④。在黑格尔美学体系中，黑格尔"把艺术和人类社会意识联系起来，把关于美的理念和人类艺术发展的历史事实联系起来，从而使他的美学，能够把理论紧密地与历史结合在一起，成为一门完整的关于人类艺术和审美意识的历史科学"，"这在他以前，还没有人这样做过，因此，不能不说是他的重大贡献"⑤。

黑格尔美学的核心命题是"美是理念的感性显现"。关于黑格尔的"美是理念的感性显现"，蒋孔阳认为，"理念内容的感性化，感性形式的心灵化，理念出于自我认识的需要，它把自己显现为感性的形象，这就是黑格尔'美是理念的感性显现'这一定义的全部意义"⑥。同样，蒋孔阳对此也做出了自

①《蒋孔阳全集》第二卷，安徽教育出版社 1999 年版，第 228 页。
②《蒋孔阳全集》第二卷，安徽教育出版社 1999 年版，第 230 页。
③《蒋孔阳全集》第二卷，安徽教育出版社 1999 年版，第 251—252 页。
④《蒋孔阳全集》第二卷，安徽教育出版社 1999 年版，第 253 页。
⑤《蒋孔阳全集》第二卷，安徽教育出版社 1999 年版，第 253 页。
⑥《蒋孔阳全集》第二卷，安徽教育出版社 1999 年版，第 275 页。

己的评判。他认为这一定义是唯心主义的。其一,黑格尔将绝对理念视为美和艺术的起源,从而否定了美和艺术的现实根源。其二,黑格尔虽然强调感性与理念的统一,但注重的还是理念、心灵,这自然还是受制于他的唯心主义体系,或许也有他不是艺术家的原因。

蒋孔阳认为,尽管黑格尔的美学体系是唯心主义的,但这一定义触及了一些重要的问题,仍然是有价值的。蒋孔阳将其概括为三点:一是"理性和感性的统一"。在黑格尔之前,一般都很偏重感性;在黑格尔之后,反理性也一直是西方美学的重要内容,但黑格尔"却中流砥柱,不仅不反对理性,而且把理性提到艺术创作中的首要地位来"①。二是"内容与形式的统一"。西方美学史一直以来都强调的是形式。"从黑格尔开始,方才从内容和形式的统一的观点,把美说成是理念的感性显现。"这是黑格尔的功绩。三是"一般和特殊的统一"。在近代西方美学史上,古典主义强调一般,浪漫主义强调特殊。黑格尔从普遍性出发强调二者的统一。正是由于黑格尔对二者统一的强调,他反对莫里哀喜剧对人物性格的抽象化、脸谱化,也反对浪漫主义对情感的私人化。黑格尔倾慕荷马史诗中的阿喀琉斯,认为"这是一个人!"②这一点和文艺理论中的"典型"(黑格尔用的是"理想")很接近。黑格尔关于"一般和特殊的统一"的看法是"合理的内核"。但其本质上的错误在于普遍性的内涵(即理念)是唯心主义的,而并非唯物主义所坚持的"现实生活中的本质规律"③。

艺术美是黑格尔美学的核心。蒋孔阳将其概括为五个方面。第一点是艺

①《蒋孔阳全集》第二卷,安徽教育出版社 1999 年版,第 276 页。
②《蒋孔阳全集》第二卷,安徽教育出版社 1999 年版,第 280 页。
③《蒋孔阳全集》第二卷,安徽教育出版社 1999 年版,第 282 页。

术美的概念。在黑格尔看来,艺术美是真正的美,艺术美集中地体现心灵和灵魂。蒋孔阳认为,黑格尔将观念视为艺术的起源,将没有矛盾的静穆视为艺术的最高理想,将观念化、心灵化作为艺术创作的根本,这些都是错误的,都斩断了艺术与自然的密切联系,不期然走向了黑格尔所反对的浪漫主义的一方。在分析了黑格尔关于艺术美的本质错误之后,蒋孔阳还看到了他的合理内核:黑格尔强调艺术都应该化为表现内容的"眼睛",这强调了艺术的表现力。黑格尔强调不应罗列细节,而应表现本质和普遍性的东西。当然细节也应该得到强调,尤其是那些表现本质的细节。黑格尔认为艺术的典型化是"从一大堆个别偶然的东西之中所拣回来的现实",强调了偶然性与普遍性的统一。黑格尔反对自然主义,也反对缺乏崇高理想的浪漫主义,而是将理性的内容、崇高的理想视为艺术的重心,这一点保证了艺术创作的深厚的思想内容。这些都是黑格尔关于艺术美的合理内核,不应该被否定。

第二点是"一般世界情况"①。蒋孔阳认为,黑格尔的"一般世界情况"类似于社会时代背景。"一般世界情况"的具体化就是"情境",类似于典型环境。"一般世界情况"是个性与普遍性(社会性)的统一。哪里才是这样的"一般世界情况"呢?黑格尔认为是古希腊的英雄时代。黑格尔是一个向往古希腊而反对近代的美学家。蒋孔阳认为,黑格尔的分析触及了近代资本主义生产关系对人和艺术的异化问题,这一点是正确的,但他却得出了悲观结论。黑格尔的结论是艺术属于过去,这是不符合艺术发展实际的。他的近代不利于艺术的观点实际上也为后来的艺术史所否定。不利于艺术未必意味着艺术必然没落,或必然没有好的作品,比如当时现实主义就取得了很

①《蒋孔阳全集》第二卷,安徽教育出版社1999年版,第296页。

高的成就。黑格尔之所以认为艺术属于过去,归根到底还是源于他的哲学体系。绝对精神的发展最终使得艺术走向宗教和哲学,艺术的终结在黑格尔那里就成为必然的了。或者说,艺术的繁荣只能是昙花一现,真正亘古长青的是他的理念。所以为理念而牺牲掉艺术,在黑格尔那里是再合理不过了。

第三点是情境和冲突。对于黑格尔关于情境和冲突的看法,蒋孔阳给予高度评价,"在西方美学史中,还很少有人像他这样重视冲突,更显出了他的特殊的重要意义"①。同时,蒋孔阳也分析了黑格尔冲突理论的重大缺陷。一是调和矛盾,矛盾最终被消解了。二是黑格尔将阶级冲突视为自然性、偶然性的,对阶级缺乏深刻的认识。所以,蒋孔阳认为他"既不能正确地理解阶级,更不能理解阶级斗争在人类社会历史上所起的伟大推动作用"②。当然,社会斗争并不都表现为阶级斗争,要从特定的历史阶段来理解和定位阶级斗争,如果将阶级斗争泛化也必然产生重大的危害。

第四点是人物性格。蒋孔阳认为,黑格尔对人物性格的重视是和他的"资产阶级人本主义"立场分不开的,而且"重视人的力量,把人的性格当成艺术描写的中心,这应当是正确的,进步的"③。尽管黑格尔对性格的界定是属于普遍人性的,"而不是具体社会关系中的阶级性",他所说的普遍力量也忽视了具体的社会内容,但是他"对人物性格分析得那样细致和深刻,对艺术家提出要描写伟大而坚强的性格,这就不能不说是他的积极贡献了"④。黑格尔的美学始终是"充满了乐观主义的上升气息"的,这主要在于"德国资

---

①《蒋孔阳全集》第二卷,安徽教育出版社 1999 年版,第 310 页。
②《蒋孔阳全集》第二卷,安徽教育出版社 1999 年版,第 311 页。
③《蒋孔阳全集》第二卷,安徽教育出版社 1999 年版,第 318 页。
④《蒋孔阳全集》第二卷,安徽教育出版社 1999 年版,第 318 页。

产阶级取得政权的时刻即将到来”(恩格斯语)[①]。黑格尔是在为资产阶级的伟大性格呐喊。这一点倒是体现了黑格尔美学的昂扬的时代性和资产阶级的进步性。

第五点是艺术家。关于这一部分,蒋孔阳主要探讨了黑格尔对想象、天才和灵感、风格和独创性的看法。蒋孔阳认为,黑格尔对独创性的阐述有两点合理之处:一是艺术创造要从现实出发,二是艺术创造来自于主观真实和客观真实的统一。这些体现了黑格尔美学的“现实主义”因素。另外,黑格尔反对浪漫主义的小感情,要求艺术联系时代和听众,这些是适应当时资产阶级的进步要求的。但是,黑格尔将理念的真实视为艺术的真实的根本,因此,即便他强调艺术的真实性,其观点也不过是唯心主义的。

黑格尔的艺术史理论影响很大。黑格尔将艺术史划分为三个阶段或类型,即象征主义、古典主义、浪漫主义。对于黑格尔的艺术发展历史类型的看法,蒋孔阳认为,就积极性而言,黑格尔“对人类艺术发展的历史过程及其内在规律,作了一个系统的全面的探讨。他的艺术历史知识之丰富,以及对各个历史时期艺术发展的相互联系和区别所作的深入的研究,都应当说是史无前人的”[②]。而就消极性而言,有两大缺陷:一是“唯心主义的公式主义”,将艺术史套入他的唯心主义体系之中,这样在讨论的时候就矛盾重重。如对东方艺术的探讨,将东方艺术与象征主义画等号,就犯了以偏概全的毛病;将象征主义视为最低级的艺术,体现了“欧洲中心论”;并且将东方艺术定格在象征主义,缺乏历史发展的眼光。再如对各类艺术或艺术家的讨论,归类矛盾,比如莎士比亚,忽而属于古典主义,忽而属于浪漫主义。又如对

①《蒋孔阳全集》第二卷,安徽教育出版社1999年版,第318页。
②《蒋孔阳全集》第二卷,安徽教育出版社1999年版,第343页。

浪漫主义的讨论,有“泛化”的情况。将基督教、骑士精神、资本主义都划归为浪漫主义艺术的范围,看不到它们之间社会历史方面的巨大差别,是不符合艺术发展的实际的。二是“艺术衰亡的悲观主义”。蒋孔阳认为,黑格尔“看出了资本主义生产方式对于艺术发展的敌对性质,看出了资本主义社会的平庸气味,这应当说是他的历史功绩”①。虽然黑格尔身处资产阶级进步的时代,也赞颂过古典主义、浪漫主义,但当黑格尔的美学遭遇他的唯心主义体系,又恰逢他的时代是王政复辟的时代,艺术的衰落就成为必然。不过,这种衰亡论是唯心主义的。在有些时候,黑格尔又赞颂近代艺术,比如他对近代小说评价很高。这说明,在黑格尔的美学思想中,唯心主义和辩证法之间的关系总是紧张而矛盾的,总体上辩证法服从于唯心主义,但有些时候又挣脱了唯心主义的束缚,从而和现实主义有了一定的联系。这些都是黑格尔美学值得肯定的地方。

蒋孔阳对黑格尔美学体系总体上做出了两点评价:一是黑格尔“有丰富的历史知识和文学艺术的知识”②,旁征博引,使理论和作品有了更深入的结合,因此“美学到了黑格尔手上,方才面貌一新,堂庑扩大,成为一门理论与历史相结合的、系统的历史科学”③。二是黑格尔具有“强烈的现实感和资产阶级的人道主义精神”④,黑格尔的美学体现了“资产阶级上升时期中那种积极的坚定的精神”。虽然他的美学是唯心主义的,但读者不时能体会到“资产阶级现实主义的精神”⑤。这两点的概括是非常到位的。前者体现了黑格

---

①《蒋孔阳全集》第二卷,安徽教育出版社 1999 年版,第 345 页。
②《蒋孔阳全集》第二卷,安徽教育出版社 1999 年版,第 359 页。
③《蒋孔阳全集》第二卷,安徽教育出版社 1999 年版,第 360 页。
④《蒋孔阳全集》第二卷,安徽教育出版社 1999 年版,第 360 页。
⑤《蒋孔阳全集》第二卷,安徽教育出版社 1999 年版,第 361 页。

尔对美学史的贡献,后者体现了黑格尔美学的时代精神。但是,由于阶级的局限性,黑格尔的美学始终是资产阶级的,不能站到劳动人民和无产阶级的一边。此外,由于唯心主义对辩证法的收编和窒息,很多观点都是头足倒置、折中调和的,这根源于他的唯心主义哲学和资产阶级两面性的性格。

四、西学研究的批判性

在《德国古典美学》一书的最后一章,蒋孔阳还讨论了"对于德国古典美学的批判"。如果说分散在"述"中的评价是"分"的批判的话,这就是一个"总"的批判。这一部分一方面可以视为对马克思主义美学的"史前史"的一个说明,另一方面也可以视为蒋孔阳初步建立自己的马克思主义美学思想的一个实践。

在历史上,对德国古典美学的批判主要有三个方面:一是资产阶级右翼,二是资产阶级左翼,三是马克思主义,蒋孔阳重点讨论的是第三个方面。第二个方面具有中介的性质,第一个方面的反动性最强。资产阶级右翼的批判主要是叔本华对康德的批判和克罗齐对黑格尔的批判。叔本华将康德唯心主义彻底化,把现象界定为表象,同时又用"意志"否定了康德哲学的理性内涵,走向了反理性。克罗齐对黑格尔的批判是,他认为黑格尔没有区分艺术与非艺术(宗教、哲学)的关系,客观上给予艺术独立地位,但主观上使艺术更加脱离现实,这一点比黑格尔走得更远。他用直觉否定了黑格尔的理念,也同样走上了反理性的道路。

资产阶级左翼对德国古典美学的批判是富有重要的学术史意义的,主要包括费尔巴哈和车尔尼雪夫斯基对康德和黑格尔美学的批判。费尔巴哈高举唯物主义大旗，反对黑格尔脱离现实去谈理念，提出将哲学的出发点视为“生活与自然”①。正是由于费尔巴哈的批判，给美学研究开辟了一条新的途径：“那就是把美看成是生活，是人所希望的和人所热爱的生活！”②然而，费尔巴哈的理论虽然是唯物主义的，却是直观的唯物主义，没有重视人的主观能动性，抛弃了黑格尔的辩证法。车尔尼雪夫斯基运用费尔巴哈的理论进一步批判德国古典美学。这一批判是马克思主义之前，“唯物主义美学对于唯心主义美学最重要的一次斗争”③。他提出了一个重要的命题，就是“美是生活”：“任何事物，我们在那里面看得见依照我们的理解应当如此的生活，那就是美的；任何东西，凡是显示出生活或使我们想起生活的，那就是美的。”④这坚持了唯物主义原则。但是车尔尼雪夫斯基的关于美的定义的哲学基础是“人本主义”的，是生理学层面上的人，并且在某些方面重复了黑格尔关于客观“契合”主观的老调。由于车尔尼雪夫斯基坚持直观的唯物主义，虽然他在自然与艺术的关系上坚持了唯物主义原则，却强调自然美高于艺术美。就艺术本身（源于生活并高于生活）的规律而言，这显然是错误的。

蒋孔阳论述最为充分的是马克思主义对德国古典美学的批判。蒋孔阳首先指出马克思主义对待德国古典美学的批判性态度，即“粉碎它的唯心主义的外壳，从中剥出辩证法的‘合理内核’，并把经过唯心主义的歪曲了的辩证法，神秘化了的、头足倒置了的辩证法，经过批判，重新恢复它的生命力”⑤。德国古典美学是马克思主义美学的重要来源之一，因此“要学习马克

①《蒋孔阳全集》第二卷，安徽教育出版社 1999 年版，第 376 页。
②《蒋孔阳全集》第二卷，安徽教育出版社 1999 年版，第 378 页。
③《蒋孔阳全集》第二卷，安徽教育出版社 1999 年版，第 382 页。
④《蒋孔阳全集》第二卷，安徽教育出版社 1999 年版，第 382 页。
⑤《蒋孔阳全集》第二卷，安徽教育出版社 1999 年版，第 386 页。

思列宁主义美学，而不理解和研究德国古典美学，是不可能的"①。在蒋孔阳看来，对中国当代美学而言，"怎样批判地继承德国古典美学，并在这一批判继承的基础上，来建立马克思列宁主义的美学，应当说是我国美学战线的任务之一"②。可见，蒋孔阳对批判德国古典美学的重要意义是看得很透彻的。接着，蒋孔阳提到批判和改造德国古典美学的可能性问题。德国古典美学之所以可以批判、改造和继承，一方面因为德国古典美学存在合理的地方，如果都是反动的、不合理的，也就不能改造和继承了；另一方面，改造不是嫁接、转化，而是"发生了质的变化"。改造后的内容不再属于德国古典美学了，而成为"马克思列宁主义美学中的新内容了"。蒋孔阳对批判和改造德国古典美学的看法是很深刻的，这对于当代中国美学对西方美学加以有效批判吸收是很有启发意义的。

蒋孔阳从四个方面概括马克思主义经典作家对德国古典美学的改造。第一点是关于美学的性质问题。蒋孔阳承认德国古典美学的巨大历史功绩，同时也指出德国古典美学家对美学的定位是脱离现实的。对此，马克思和恩格斯加以批判改造。一是将德国古典美学"现实化"。他们将德国古典美学颠倒的思维与存在的关系重新颠倒过来，提出"劳动创造了美和艺术"等一系列唯物主义观点。二是将德国古典美学"革命化"。德国古典美学的最高目标都是人格（人性）的完善，脱离现实斗争，而马克思主义则要将美学转化为革命斗争的武器，美学和哲学一样，不仅在于"解释世界"，更在于"改变世界"。

第二点是关于人的对象化和美的本质。关于对象化，黑格尔的理解是

①《蒋孔阳全集》第二卷，安徽教育出版社1999年版，第390页。
②《蒋孔阳全集》第二卷，安徽教育出版社1999年版，第390页。

“理念的对象化”，是精神的、思维的。马克思主义所理解的对象化是“劳动的对象化”。在劳动中，人改变客观世界，也改变主观世界，人的丰富性得以展开。“人的本质是劳动，美的本质也是劳动。”[1]自由的劳动创造了美，也实现了人自身。这就是马克思主义关于美的看法。

第三点是艺术的历史发展。黑格尔关于艺术的历史发展的看法是唯心主义的，是精神的发展，而不是历史本身的发展。马克思主义从两个方面改造了黑格尔的思想。其一，就发展动力而言，不是精神产生自然，而是自然产生精神，自然、物质是精神发展的动力，而不是相反。其二，就发展前途而言，艺术发展没有顶峰，也没有终点，这一点纠正了黑格尔关于艺术顶峰、艺术终结的唯心主义看法。其三，马克思主义还强调了艺术发展和社会发展的不平衡性。艺术发展有相对的独立性。

第四点是典型问题，也是蒋孔阳讨论最充分的方面，这大概由于当时中国文艺理论界非常重视这一问题。在美学史上，德国古典美学第一次将普遍性与个别性统一起来加以讨论，但却是站在唯心主义立场来讨论的。马克思主义从三个方面对典型理论加以改造：一是对于典型的理解。黑格尔的典型就是理念，而马克思主义认为典型是典型人物和典型性格，“概括地集中地反映了一定的本质的社会关系和阶级关系”[2]。也就是说，典型是艺术性与社会性、形象性与思想性（规律性）的统一。二是关于典型化。黑格尔的典型化主要是来自理念，并且是观念化、心灵化的，是“从思想到思想”。而马克思主义认为典型化是“从生活到形象”[3]。典型化一方面要从现实出

---

①《蒋孔阳全集》第二卷，安徽教育出版社 1999 年版，第 402 页。
②《蒋孔阳全集》第二卷，安徽教育出版社 1999 年版，第 411 页。
③《蒋孔阳全集》第二卷，安徽教育出版社 1999 年版，第 413 页。

发;另一方面要个性化和形象化,就是坚持“莎士比亚化”,而不要“席勒化”。三是关于典型环境。黑格尔的“环境”有两类:一是外在的一般世界情况和“情境”,二是内在的“情致”。但黑格尔的“情境”是理念化的,而“情致”则又是普遍化的。马克思主义认为艺术应把人物放在社会关系中来描写。由于人是社会关系的总和,所以描写人就是描写生活,描写社会的本质规律,所以“能够反映出这一本质规律的特定环境,则是典型的环境”①。这样,马克思主义就将德国古典美学对环境的理念化理解转为现实化理解。此外,马克思主义还强调人对于环境的能动作用,这是德国古典美学所没有看到的。

蒋孔阳对德国古典美学的描述和评价到此为止。在此,我们可以看出:

第一,蒋孔阳对德国古典美学的研究是以人即思想家为中心,这保证了每一位思想家美学思想的整体性。以人为中心的美学史始终是美学史研究的最重要的范式。以思想家为中心的写作方式并不是凭空的,蒋孔阳非常注意从思想家的哲学体系来谈美学思想,比如康德、黑格尔这样的体系性思想家;同时,也非常重视从思想家的创作来谈美学思想,比如歌德这样的创造性思想家。

第二,蒋孔阳对德国古典美学的研究坚持并贯彻了马克思主义的观点。一方面在本书中多次援引马克思、恩格斯、列宁等马克思主义经典作家的观点;另一方面,又结合马克思主义基本立场做出自己的分析和评判。具体而言,蒋孔阳总是联系当时的社会历史发展状况来分析德国古典美学,突出思想家的思想重点和特点,比如从资产阶级的两面性来分析康德、黑格尔美学

---

①《蒋孔阳全集》第二卷,安徽教育出版社 1999 年版,第 415 页。

的矛盾性。另外，从学术史角度来说，蒋孔阳总是恰如其分地评价某一位思想家的历史地位与思想发生，而不是无根据地空说。比如指出康德对理性和感性的强调是因为受到了德国理性派和英国经验派的影响；比如揭示黑格尔对艺术史的分析，离不开对当时文学艺术研究新成果的吸收。

第三，蒋孔阳对德国古典美学的研究在资料上力求尽可能准确和全面。蒋孔阳不懂德文，但阅读了大量的英文译著，尤其对费希特、歌德、席勒、叔本华等人思想的研究多依据的是英文译本。蒋孔阳在写作《德国古典美学》的时候曾翻译《近代美学史评述》，锻炼了英文阅读能力，这一点保证了蒋孔阳研究德国古典美学的完整性，否则费希特、歌德、席勒的部分将很难完成。

第四，蒋孔阳对德国古典美学的研究注重彼此的联系，注重从关系角度确定各自的地位。首先，蒋孔阳从历史发展的角度确定德国古典美学的地位，看其对历史的继承、总结和拓展。其二，从学术史的角度看德国古典美学自身的联系，比如康德对席勒的影响，歌德与席勒的相互影响，康德、谢林对黑格尔的影响等，从而彰显了德国古典美学自身的内在联系。其三，蒋孔阳历来主张美学史与艺术史的结合。在《德国古典美学》中，我们能看到德国古典美学与文艺思潮的相互影响，比如费希特对浪漫主义的影响，浪漫主义、古典主义对歌德、席勒的影响等，从而有助于理解他们的美学思想。

第五，蒋孔阳对德国古典美学的研究，从容量上说是以述为主，述评结合；但从思想含量上说，评的部分则至关重要。而且蒋孔阳的评是贯穿始终的，除了夹叙夹议的分评，还有总评，这既让人们看到德国古典美学细节上的成绩和失误，又让人们看到德国古典美学的总体贡献和缺陷。

第六，蒋孔阳对德国古典美学的研究，论述较为全面，占有了广泛的资料，细致到位，几乎每位思想家的重要思想都涉及了。论述方法是侧重点突出、详略得当，有时不拘泥于思想家本人的思想状况。比如黑格尔美学中的辩证法因素，蒋孔阳就单独说明。比如对康德的《判断力批判》只就美学部分加以论述等。而对黑格尔论述较为繁琐的《美学》第三部分则做了简略化的处理，更能凸显黑格尔美学的特色和重点，而不至于淹没在繁琐的分析中。

当然，蒋孔阳对德国古典美学的研究也有不足之处。第一，对当时的社会历史状况分析还可以再进一步深入，比如可以增加对德国当时历史的总体描述等。第二，对当时的现实主义、浪漫主义文艺思潮的梳理还不够清晰，比如对浪漫主义的分化就探讨得比较少。第三，对与德国古典美学本身相近、相邻的美学家还可以再进一步讨论，比如德国理性派、经验派美学，只是在比较时涉及，整体形象不突出。第四，对德国古典美学家的介绍主要从共时角度探讨较多，如康德、费希特、谢林、黑格尔等，而从历时角度探讨不多，主要集中于席勒。虽然我们看到各个美学家的主要成就，但其思想发展的具体细节和脉络没有展现出来，比如黑格尔的美学发展，是否也有一个发生、发展的过程？第五，在文字表述上有时过于非学术化。比如"资产阶级""左翼""右翼""反动"，有将学术问题政治化、阶级化的倾向，放在比较纯粹的学术语境，似乎就不太利于探讨学术。比如对思想家的去世往往用"死于"，这一点可能是时代风气使然。到了1999年，七卷本《西方美学通史》出版，其《德国古典美学》一卷已经有了新的学术进展。①

①李钧：《美学史研究与美学的当代状况——从〈西方美学通史〉谈起》，载《复旦学报》2000年第4期。

第四章　审美文艺

蒋孔阳对文艺的审美思考起步于20世纪50年代，集中体现在八九十年代。早在50年代出版的《文学的基本知识》《论文学艺术的特征》两部著作中，蒋孔阳就初步表达了自己的文艺美学思考。这种文艺美学思考于80年代初在唐诗美学、绘画美学研究中得到集中的展现，并在其美学集大成之作《美学新论》中得到理论上的概括和提升。

一、开拓文艺美学

蒋孔阳在《在人生选择的道路上》曾说自己不善于写作（文学家），也不善于玄思（哲学家），而是走了一条中间道路（作为美学家和文艺理论家），这在一定程度上决定了蒋孔阳的美学研究具有文艺美学的性质，即将艺术与美结合起来。蒋孔阳在从事美学史研究的时候也非常注重美学与文艺的密切关系，这种文艺美学视角是值得肯定和重视的。

蒋孔阳的第一篇美学论文是《简论美》，也就是《文学的基本知识》中的第十章“美”。这篇论文是蒋孔阳参与美学大讨论的第一篇论文，带有当时的论辩色彩。蒋孔阳首先批判了以朱光潜为代表的“唯心主义”美学观和将美等同于自然的“旧的唯物主义”的美学观，他认为马克思主义美学观应“从人类社会的生活实践来探讨美”①。蒋孔阳认为，“无论作为审美对象的客观现实，或者作为主体的人的审美能力，都是社会历史的产物，都是人们在劳动实践的过程中客观地形成的”②。蒋孔阳从美的起源的角度确立了美是一种社会现象的观点。但是，社会现象并不都是美的，也就是说面对现实生活，并不一定都产生美感。美感的产生首先在于人的“美的活动”。何谓“美的活动”呢？“人类在生产劳动的过程中，这种带有目的性的、创造性的、能够引起美感和满足审美需要的活动，我们称为美的活动。”③这一观点就是马克思主义最重要的美学观点——人“是按照美的法则来创造的”。

美的法则并不是外在于生活的，而是生活本身所具有的，这就是生活本

①《蒋孔阳全集》第一卷，安徽教育出版社 1999 年版，第 76 页。
②《蒋孔阳全集》第一卷，安徽教育出版社 1999 年版，第 78 页。
③《蒋孔阳全集》第一卷，安徽教育出版社 1999 年版，第 79 页。

身的“感性形式”，即生活从来都是具体的、感性的，因而文学艺术也就具有这种形象性。美感的产生就在于我们接触到这些感性形式，没有感性形式我们也就不能产生美感。由于感觉器官和感性形式的不同，美感的性质也不同。比如产生美感的主要在视觉和听觉，而味觉、嗅觉则很难产生美感。其原因在于味觉、嗅觉与个人的直接感受相关，缺乏交往性和持续性。从感性形式而言，古松和杨柳给我们的感觉是不一样的。在这方面，蒋孔阳和西方近代美学发生了碰撞。就美感本身而言，西方近代美学强调的无功利性是发现美的独立性和自律性，而蒋孔阳认为美感本身与社会密不可分，源于生活。大概可以说，西方近代美学强调的是审美自律性，而蒋孔阳强调的是审美现实性或者审美本质论。正是基于此，蒋孔阳将美定义为“具有一定社会内容的感性形象，它具体地体现了人类肯定生活中美好事物的思想、意志、感情和愿望；而在这种肯定当中，它是带有浓烈的感情色彩的”①。后来又修正为“美是能够给人带来精神上的快感的、具有一定社会内容的客观存在的感性形象”②。这一定义表现了与西方近代美学的两点不同：第一点，美的内容来源于社会，强调美的现实性（但非功利性）；第二点，表述的是“肯定美学”，与西方近代美学的否定性、批判性（亦即所谓的审美现代性）倾向不同。

蒋孔阳认为自然美与艺术美有五点区别：第一点区别是表现与存在。艺术美是表现之美，而自然美是存在之美。自然美无所谓表现不表现，它就是存在于那里，需要你的发现。而艺术美并不是存在于那里的，是艺术家表

①《蒋孔阳全集》第一卷，安徽教育出版社 1999 年版，第 82 页。
②《蒋孔阳全集》第五卷，安徽教育出版社 2005 年版，第 485 页。

现出来的。第二点区别是典型与分散。自然美固然是美的,但却是分散的,而艺术美是典型的,更鲜明、集中、突出、深刻。第三点区别是普遍性与限制性。自然美是有时空限制的,而艺术美脱离了时空局限,具有普遍性。第四点区别是充分性与局限性。现实美的形象总是不充分的、有局限的,而艺术美由于是典型化、形象化的,所以它的美是充分的。第五点区别是美与丑。现实生活的美与丑是对立的,而艺术中的美与丑并不是对立的。自然丑绝对不会成为自然美,但自然丑却可能成为艺术美。之所以如此,是因为文学艺术在表现丑的时候并不是在单纯表现丑,而是"来揭示另外一些更崇高更伟大的事物"①。由于上述区别,使得"艺术美比自然美更为具有典型的意义,更能深刻地揭露现实的本质,更能生动地打动读者,替他带来更多的美的享受"②。

除了探讨艺术美与自然美的区别外,蒋孔阳还探讨了艺术美与生活美的区别问题。在《略论生活美与艺术美的关系》中,蒋孔阳具体探讨了这一问题。虽然艺术来源于生活,但艺术美未必就等于生活美或者低于生活美。相比生活美,艺术美"更高、更典型,它要积极地推动生活的前进"③。但是生活本身的美也并非轻易能够得到。在《生活与美》中,蒋孔阳认为,艺术美遭遇概念化,生活美也同样会遭遇概念化(如"文革"时期)。创造生活美与创造艺术美是一致的,就是"人的本质力量的对象化",就是"充实和提高我们作为人的本质力量",而不是作为"物"的本质力量。在这里,蒋孔阳认为"美

①《蒋孔阳全集》第一卷,安徽教育出版社1999年版,第85页。
②《蒋孔阳全集》第一卷,安徽教育出版社1999年版,第86页。
③《蒋孔阳全集》第五卷,安徽教育出版社2005年版,第500页。

来自生活，美就是创造性的生活”①。当然，创造性的生活的重要内容就是艺术创作。

根据对美的理解，蒋孔阳将这种理解置于文学艺术思考当中，在《文学的基本知识》中就有初步体现。20 世纪 80 年代初他对中国古代诗画和艺术美的研究则集中体现了他文艺美学研究的思想高度。

二、唐诗美学的境界

《唐诗的形成及其美学特点》是蒋孔阳的一部遗稿。这部遗稿是 1980 年 58 岁的蒋孔阳赴日本神户大学中国语言文学系任客座教授时开设的“中国古典美学”课程的讲稿之一。尽管蒋孔阳将唐诗美学纳入古典美学范畴，有学者也将其视为古典美学研究，但唐诗美学应该更加严谨地限定为文艺美学研究。古典美学研究是对古典美学意识、思想、理论等的研究，比较宽泛，而文艺美学则将研究深入到艺术领域，从而更具理论深度。有鉴于此，这里将蒋孔阳关于唐诗美学和绘画美学研究定性为文艺美学研究。

关于唐诗的美学特征，蒋孔阳的讨论别具一格。蒋孔阳认为：“诗歌的美，就在于诗人能够把他所感受到的哀乐，塑造为艺术形象，从而打动人，引起人的爱慕。这样，诗歌的美，应当说是来自两个方面，一是诗人本身内在的品质，二是诗歌艺术形象的生动性和完美性。”②为此，蒋孔阳从四个方面

---

①《蒋孔阳全集》第三卷，安徽教育出版社 1999 年版，第 656 页。
②《蒋孔阳全集》第五卷，安徽教育出版社 2005 年版，第 203 页。

>>1981 年蒋孔阳先生在日本讲学时的留影

加以阐释：一是音乐美，二是建筑美，三是个性美，四是意境美①。其中，音乐美、建筑美是就作品本身而言的，即“诗歌艺术形象的生动性和完美性”；个性美是从诗人角度而言的，即“诗人本身内在的品质”；意境美是就作品与诗人两个方面紧密结合的角度而言的。

唐诗（主要是近体诗）的音乐美体现在四个方面：一是对偶，二是平仄，三是押韵，四是诗句的节奏。唐诗吸收魏晋六朝诗歌的成就，又加以提炼创化，达到了中国诗歌的顶峰，故而“唐诗在用字方面注意平仄协调，在遣词方面讲究对仗工整，用韵有规律，诗句重节奏；但整首诗，又天然去雕饰，不落

①在《唐诗的审美特征》一文中，蒋孔阳又增加一项，即精神美。所谓精神美，就是唐代诗人“精神状态良好，不同凡响，因此，他们的诗具有一股巨大的撼人的美学力量”（见《蒋孔阳全集》第三卷，安徽教育出版社 1999 年版，第 687 页）。精神美是唐代人的整体精神风貌，与个性美各有偏重。

痕迹，清新优美，极富音乐性美感，真乃诗中上品”①。唐诗的建筑美亦即视觉美，“唐诗善于化虚为实，化动为静，通过具体意象的描写，把本来是按照时间顺序流逝的时间艺术，变得具有空间的立体感”②。

唐诗的建筑美、视觉美的第一点体现是形象性，即使用大量的具体意象，而很少使用虚词。比如温庭筠的《商山早行》中“鸡声茅店月，人迹板桥霜”，全无虚词。唐诗建筑美、视觉美的第二点体现是它的空间立体性，即具有场景性。唐诗善于营造某种空间场景，比如李白的《登金陵凤凰台》中“凤凰台上凤凰游，凤去台空江自流”，“凤去”“台空”“江自流”就是三个镜头。这种空间场景不仅具有空间性，甚至可以将现实与历史合一，呈现宇宙之大美。

关于唐诗的个性美，蒋孔阳分别对李白、杜甫、李商隐做了重点分析。李白的个性是“自然”：“这种自然，就在于性情的真挚，就在于心胸的开阔，就在于李白这个人的个性，毫无保留地充分流露。李白是个很有个性的人，他的每一首诗都跳动着他自己的生命，倾吐着他自己的感情。”③杜甫则与李白不同，是“更细致些，深刻些。他不是一下子就倾吐出来，而是反复沉吟，一吟三叹，因而读起来格外耐人回味……他的感情不是直泻而出，而是经过思考的过滤，经过心灵的咀嚼，然后曲折地，同样是真挚地表现出来”④。李商隐“感情很挚烈，可是却像烈火碰到冰水一样，淬出来的是冷艳的光。而且他又不愿意将这光直接透射出来，而是要隐藏在神话与传说的故事中，那就格外显得隐晦、曲折了”⑤。蒋孔阳通过对李白、杜甫、李商隐人格与诗歌

---

①《蒋孔阳全集》第五卷，安徽教育出版社 2005 年版，第 218 页。
②《蒋孔阳全集》第五卷，安徽教育出版社 2005 年版，第 219 页。
③《蒋孔阳全集》第五卷，安徽教育出版社 2005 年版，第 228 页。
④《蒋孔阳全集》第五卷，安徽教育出版社 2005 年版，第 228 页。
⑤《蒋孔阳全集》第五卷，安徽教育出版社 2005 年版，第 231 页。

个性的分析,以点带面,所要表达的就是这样一种观点:只有富有个性的诗歌"才能放射出引人而又令人留恋的光彩来,各以其突出而又充实的个性美的特色,吸引着一代又一代的读者"①。

蒋孔阳对唐诗意境美这一部分的分析是最富理论性的内容。蒋孔阳首先认为唐代把境界引到美学思想中来有诗歌自身的传统,也有佛教的影响。就前者而言,境界就是时空上的一定范围,一定天地,一定界限。就后者而言,佛教的境界并不局限于时空,而是具有精神性的心理境界特性。佛家的境界分为三个层次:一是侧重感觉器官的六根,二是侧重感觉认识的六识,三是侧重意象的六境。吸收佛家境界说,中国诗歌理论在唐代形成了自己的意境说,以王昌龄、皎然等为代表。由于境界说将主观客观有机集合,所以它涵括了中国诗学上的言志说、缘情说、形似说、神韵说,即"境界说是把情、志、神等内在的精神,思想感情,通过完美的形式,表现到作品中,成为一种生动的、富有生命力的艺术形象"②。进而,蒋孔阳将诗歌中的形象定义为意境:"诗歌的形象,不是完整的戏剧动作和人物性格,而只是一种意境。"由此,形象(叙事文学)和意境(抒情文学)构成了蒋孔阳形象说的两维度。

意境说与中国古代诗歌的美学思想"心物感应"有着深厚的联系。在《诗经》时代,心物处于二元局面,使用的艺术手法是"兴",这是就物而言的;而就心而言,就是"言志"。因此在早期的诗歌创作中,比兴寄托、托物言志成为主流。心与物处于连接性的关系之中,还没有进入交融性的关系。到了魏晋时期,山水诗兴起,但山水诗中的山水还处于心的外在,强调形似。

①《蒋孔阳全集》第五卷,安徽教育出版社 2005 年版,第 231 页。
②《蒋孔阳全集》第五卷,安徽教育出版社 2005 年版,第 235 页。

进入唐代，诗人对心物关系做了更深层次的推进，此时心物一体造就了富有意境美的唐诗。在理论层面，王昌龄、皎然对意境做了阐释。王昌龄提到“三境”：一是物境，二是情境，三是意境。物境的目标在于达于“形似”，情境的目标在于“深得其情”，意境的目标在于“得其真意”。物境、情境、意境都含有情、思、意。与后世强调的心物一体、主客一体说距离还较远。皎然又发展了王昌龄的诗境理论。首先，皎然认为诗人要注意“取境”，包括外境与内境，因而，取境是心物的结合。第二，诗境区别于绘画、音乐，因为它是想象性的，是“虚”的。第三，诗境需要读者的“缘境”，达到对诗歌情感的触及。概言之，境本身就是心物的统一。为了突出这一点，蒋孔阳建议用“意境”二字：“‘意’指思想、感情以及诗人的各种主观的修养和精神品质；而‘境’则指自然风景、社会环境、生活习俗等等外在的现象。”①其实，单字“境”本身就包含了心物，无需再用“意境”。“境”就是心物所达到的相互交融的最高境界，很难分清哪个是意哪个是境了。蒋孔阳认为意境美表现在主观与客观、理性与感性、心与物、情与景等相互矛盾又相互统一的关系上。简言之，意境就是由实转虚（境）、由虚转实（意）的虚实相生（意境）的状态。

具体到唐诗本身的意境美，蒋孔阳从三个方面加以论述：

唐诗意境美的第一个特征，也是最突出的特征，是“情景相生”。首先是“写景抒情”：“诗人在写景当中，渗透进了贯串进了一股浓郁的感情，使这感情笼罩在景的当中，使我们看到的是景，感受到的却是情。”②此时，“景由外境变成了内心的境，变成了诗人所创造的艺术形象，这就是意境”③。其二，

①《蒋孔阳全集》第五卷，安徽教育出版社 2005 年版，第 244 页。
②《蒋孔阳全集》第五卷，安徽教育出版社 2005 年版，第 245 页。
③《蒋孔阳全集》第五卷，安徽教育出版社 2005 年版，第 246 页。

抒情写景,所抒之情需要个性化的景来加以呈现,抽象化的、泛化的景是不能呈现个性化的情的。简言之,"唐诗的意境美,首先就在于它把情与景高度融合起来,创造了一个又一个的新的艺术境界"①。

唐诗意境美的第二个特征是"生气盎然",也就是意境本身的生命整体。所谓生命整体是指它是"有生命的","有秩序的",是"多样统一的"。比如柳宗元的《江雪》,富有画面感和生活感,好似将整个世界凝固在诗歌之中,使诗歌本身构成了一个大千世界的缩影。此时的诗歌所呈现的不是照相的世界,而是心灵的世界。

唐诗意境美的第三个特征是"韵味无穷",是诗歌本身的蕴藉之美。如司空图所言的"韵外之致""味外之旨",言有尽而意无穷,语近旨远。总之,"唐诗的美,在于内容与形式,言与意,自然与人为,都达到了高度的统一。唐诗的意境美,是在现实世界中抓住一片景,又灌注进我们的情,然后形成一个独立的、自足的世界。在这个世界里,一切都生气盎然,有生命的,具体的。我们感觉到,我们盘桓于一个令我们心满意足的世界。"②在此,唐诗焕发了它的精神魅力,为一代又一代人所欣赏。

蒋孔阳对唐诗美学的探讨首先非常注重艺术的通感,从诗歌中发现音乐美、建筑美,从而显示了文艺美学研究的融通性。其二,将个性美作为唐诗美学的重要维度,使得文艺美学的精神维度得以彰显。其三,将意境美作为唐诗美学的最高层次,契合传统诗学,显示了蒋孔阳对中国传统艺术的精微把握。最后,蒋孔阳将美学的理念与理想融汇至对唐诗的分析中,使得诗

①《蒋孔阳全集》第五卷,安徽教育出版社2005年版,第249页。
②《蒋孔阳全集》第五卷,安徽教育出版社2005年版,第256页。

歌的阅读和欣赏成为一种精神的自我超越。这些方面给文艺美学研究以积极的启示。

三、绘画美学与哲学

与唐诗美学研究交相辉映的是蒋孔阳对中国绘画美学的研究,其主要著作是《中国古代绘画中所表现的美学思想》。这也是一部遗稿,其中部分文字曾发表过,蒋孔阳对此也很重视。

蒋孔阳对中国画(主要是宋元文人山水画)做了美学上的系统思考。这一

>> 晚年的蒋孔阳、濮之珍夫妇

美学思考分为两个方面:一个是艺术方面的,一个是美学思想方面的。所谓艺术方面的,主要是从形式、方法角度来阐释;所谓美学思想方面的,主要是从价值观、世界观等角度来阐释。大体来说,前者可称之为“艺术美学”,后者可称之为“艺术哲学”。艺术美学与艺术哲学只是各有偏重,并非截然不同。

就艺术美学而言,蒋孔阳将中国画的特点概括为以下五个维度:

其一是“笔墨”。笔是指中国画的基本工具毛笔,墨是中国画的基本材料。但是笔墨并非止于形式,而是很强调用笔、用墨。从技术层面来说,就是“笔精墨妙”,达到出神入化的地步。从精神角度而言,就是“笔情墨趣”,达到心手双畅、心手合一的地步。所谓笔情墨趣,就是“画家作画时,有一股‘气’即内在的思想感情,推动着他的笔墨的运动,笔之所到,即情之所至。那就是说,作者的神,作者的意,溶入到笔墨中,从笔墨中表现出来,使笔墨本身就充满了感情和意趣”①。

其二是“线”。所谓线就是线条,这是中国画的机理。中国画不使用块状、色彩,而使用线条。在这一点上,中国画吸收了书法的用笔。中国画的线表现在它是“流动的”,而非凝滞的、直接的;表现在它对笔墨的落实,笔墨的实践形式就是线条,从线条可以看出笔墨功夫;表现在它的灵活性上,中国画的线条是高度体验性的徒手线的艺术,同时又虚实相生,不局限于线条本身。

其三是“以大观小”的方法论。何谓以大观小?这就是中国画的透视法则,是中国画观察世界的方式,采用的是全景法,将整个世界纳入画作之中,层层叠叠,展露无尽,如《长江万里图》。

---

①《蒋孔阳全集》第五卷,安徽教育出版社2005年版,第280页。

其四是它能超越时空的局限。第一,全景法遵循的透视法是“散点透视”,这就是中国画超越时空局限的表现。第二,中国画没有遵循人体比例本身,而是根据实际情况做变形,如梁楷《泼墨仙人图》。第三,中国画将空白引入,这一空白反而生发了无限意义,引发了人们无限联想。第四,中国画不受光学限制,夜景也如白昼,其目的不是展现时间,而是展现场景,如《春夜宴桃李园图》等。第五,中国画将时间凝聚起来,打破时间的限制,比如中国画经常将梅、兰、竹、菊放置在一起。中国画之所以能打破时空的局限,乃在于它是写意的,而非写实的;为了充分表达内在心意,外在事物是可以变形、移位的,这也就是形象化、典型化。

其五是综合性。所谓综合性是说中国画将绘画、书法、诗、印章、装裱等融为一体。诗书画印合一已经很多人谈过,蒋孔阳对绘画装裱的理解非常独到。他认为中国画本来作于宣纸或绢上,是不宜挂起来的,但经过装裱加轴之后,画面平整、挺直,便于悬挂和欣赏。这是就欣赏习惯而言的。就艺术效果而言,“画面颜色经过装裱变得分外黑白分明,格外有精神,有艺术效果”①。

中国画的五大维度,既有内在的,又有外在;既有内容的,也有形式的,充分显示出中国画本身高超的艺术成就和文化成就。

从艺术哲学角度来说,蒋孔阳认为中国画体现了中国传统的美学思想。这一美学思想自然不专属于绘画本身,只是在绘画领域得到了鲜明的体现。美学思想在绘画领域的第一点体现是“美在神似”。关于神似,蒋孔阳做了严谨的学术史审理。他认为神似的提出是在魏晋时期,有三个方面因素促

①《蒋孔阳全集》第五卷,安徽教育出版社2005年版,第293页。

使中国美学对神似的重视：一是人物品鉴强调“神”，这在《世说新语》中随处可见；二是清谈的言意之辨，重意不重言；三是佛教强调“像教”，就是从情感上感动人之意。此外还有佛教关于“形”和“神”的讨论。这些导向的一个基本方向是重视“神”。“中国绘画，‘不求形似’，是要求‘形神兼备，以神写形’，是要求突破事物的外表形式，以把握和表现事物的精神本质。”[①]在理论层面，顾恺之和谢赫做了阐述。顾恺之提出的“传神写照”，重在精神。谢赫提出的“六法”之首就是“气韵”，气韵不是别的，就是神。不仅人物画强调传神，山水画也同样如此。当然，山水画所传之神并非止于山水本身，否则那还是形，而是传递画家本人的精神意趣。由于“不重形似，而重神似，所以绘画愈来愈向着两个方向发展：(1)内容愈来愈要求有主观的寄托，有个人的兴趣，有感情的抒写。(2)形式愈来愈要求明白、简率、单纯。”[②](1)是就内在精神而言的，(2)是就表现形式而言的，二者相辅相成。这在清代更是促进中国画走向了以个性为主的道路。所以，“中国古代绘画的美学思想，其中重要的一条，是要在形似的基础上，传达出自然界的生命，表现出作者的思想感情，以达到神似”[③]，“中国绘画，由于重神似，所以讲究天机、天趣、天资等天赋的方面”[④]。这一倾向用中国古代哲学的一个观念概括最为切当，就是“天人合一”。

“美在神似”是中国绘画的哲学观，那么，如何才能达到“美在神似”呢？这就需要讨论中国绘画的实践观——“法心源”，就是强调“美在画家的人格

---

①《蒋孔阳全集》第五卷，安徽教育出版社2005年版，第299页。
②《蒋孔阳全集》第五卷，安徽教育出版社2005年版，第307页。
③《蒋孔阳全集》第五卷，安徽教育出版社2005年版，第308页。
④《蒋孔阳全集》第五卷，安徽教育出版社2005年版，第309页。

和修养"[1],也就是强调画家的主体性问题,此为美学思想上的第二点体现,即"美在个性"。中国画的实践观有三种:一是师古人,二是师今人,三是师造化,其中第三点历来被强调。所谓师造化,就是师自然,就是"深入到自然中,涵茹潜泳,与自然生活在一起,呼吸在一起,从而使自然渗入到画家的灵魂当中,成为画家整个人品的一个组成部分"[2]。所以,师造化与法心源是不可分的,中国画家"根据自己的构思和想象,到生活中去捕捉形象,然后又把生活中的形象储留在记忆中,以作为想象的根据。经过长期的涵泳体会,逐步地与自然相互渗透,融为一体"[3]。这是何等高妙的境界。那么如何才能师造化呢?蒋孔阳认为,最重要的一点是要"爱自然,陶冶于自然"。如黄公望身处荒山乱石之中等,由此才能"真得山水骨法""得天趣"。所以,中国画家的师造化不是对自然进行描摹、照相,而是"生活在自然中,用心去拥抱自然,也受自然的熏陶;并把客观自然人格化,使之与自己主观感情糅合起来,通过回忆通过存想,用自己富有个性特点的绘画语言,再把自然重新表现出来"[4]。用中国古典诗学的话说就是"可居",用西方现代美学的话说就是"诗意地栖居",用生态美学的话说就是"亲近自然"。师造化始终与画家个体密不可分,师造化总是画家在师。那么,是一个什么样的画家就至关重要了,这就要强调"法心源",画家人格、人品的重要性。这在中国历代画论中都被强调,如杨维桢说"画品之优劣,关乎人品之高下"。也就是说,人品之高下与画品之高下息息相关。因此,中国绘画要在外师造化的同时,强调内

①《蒋孔阳全集》第五卷,安徽教育出版社2005年版,第311页。
②《蒋孔阳全集》第五卷,安徽教育出版社2005年版,第314页。
③《蒋孔阳全集》第五卷,安徽教育出版社2005年版,第314页。
④《蒋孔阳全集》第五卷,安徽教育出版社2005年版,第316页。

法心源,要能“外为山水传神,内写心中的性情;不仅这样,还要把山水之神与心中的性情统一起来”①。人品的形成并非天生,或者一蹴而就,有两点不可或缺:一是“多读书”,二是“广见闻”。读书、见闻不是单纯地去获取知识,而是要养成“书卷气,开拓胸襟,培养性情”②。人品的重要内容是有性情,如黄公望的“坦易而洒落”,倪云林的“一味绝俗”等,都是富有个性的。因为他们“性情真,所以他能深入造化”,“自然通其心,表现在画里面,造化与心源,就这样统一起来了”③。黄公望有“坦易洒落”的个性,他的作品就“平易而冲濡,在诸家最醇”。师造化与法心源都不是目的,目的是创造出精妙的艺术形象,就是将外师造化与内法心源统一在艺术形象那里。怎么统一呢?蒋孔阳认为,这涉及一个创作论的法则问题,就是“迁想妙得”。所谓迁想妙得就是想象、联想,一方面是主体迁入客体,一方面是此物(时)迁入彼物(时),而妙得就是结果,是神来之笔。由于迁想妙得,画家一方面“为山川写照,又为山川传神”④;另一方面则“寄托了画家的情思和意趣,又表现了画家的人品和性情修养”,“造化与心源,也在此相互渗透,相互转化,最后成为画中的境界”,也成为中国画的境界。⑤

由于强调内在心性与外在世界的融合为一,“美在整体”就成为中国画的另一特征,此即为美学思想上的第三点体现。中国画很少描写那些过于狭小的境界,即便是小空间也要表现大气象,这说明中国画总是要将整体性的天地氤氲传递出来。也就是说,“中国古代绘画着重整体境界的描写,它

①《蒋孔阳全集》第五卷,安徽教育出版社2005年版,第318页。
②《蒋孔阳全集》第五卷,安徽教育出版社2005年版,第319页。
③《蒋孔阳全集》第五卷,安徽教育出版社2005年版,第320页。
④《蒋孔阳全集》第五卷,安徽教育出版社2005年版,第321页。
⑤《蒋孔阳全集》第五卷,安徽教育出版社2005年版,第321页。

的主题，不是描写某一个地方，某一个人，而是表现某一种情趣，某一种境界"[1]。这一点导致了两个倾向：一个倾向是不求形似，比如山水画中的人物往往是虚的形式，不见具体形状；另一个倾向是，山水画的取景往往巨大，有"山重水复云烟浩荡之概"[2]，强调从整体上把握世界。这一整体之美用美学术语说就是"境界"。境界的根本特征就是情（虚）与景（实）的合一。合一之处就是情景交融、虚实相生的艺术形象。这种艺术形象很难区分哪是景，哪是情，而是融合在一起的。所以，"中国画，特别是山水画，并不贵在情节，而贵在有情有趣。而这一情趣的表现，并不在于个别的细节，或个体的描绘，而在于画的整体境界。也就是说，我们摊开画，我们最欣赏的，不是某一树、某一石，而是整个画面所传达的天机情趣"[3]。中国画不重细节，而重气韵；不重局部，而重整体，这就是中国画的整体之美。所以，中国画的美学特点之一就是"诗情画意，境界常新"[4]。所谓诗情画意，就是说诗画中有真情；所谓境界常新，就是说艺术家的创造性、想象力、个性永无止境。中国画表现的整体境界的根本目的是要"渲染和烘托出当时的整个情境和意蕴，要把个体放在整体中来表现"[5]。也就是从整体见出个体（细节、局部），从个体（细节、局部）理解整体。中国古代绘画，特别是山水画最能体现境界美，因为将个体与自然融为一体。"中国古代的文人，寄情于山水，只在养性灵，此外没有任何目的。因此，人都消融在山水中，人在山水中才发现自己。"[6]所

---

①《蒋孔阳全集》第五卷，安徽教育出版社2005年版，第324页。
②《蒋孔阳全集》第五卷，安徽教育出版社2005年版，第324页。
③《蒋孔阳全集》第五卷，安徽教育出版社2005年版，第328页。
④《蒋孔阳全集》第五卷，安徽教育出版社2005年版，第329页。
⑤《蒋孔阳全集》第五卷，安徽教育出版社2005年版，第331页。
⑥《蒋孔阳全集》第五卷，安徽教育出版社2005年版，第332页。

谓“寄情山水”就是说,山水画表现的不是山水,而是画家本人的情趣,画家通过山水,发现自己。理解这一点,才能真正理解山水画的精神境界。

中国画“美在神似”“美在个性”“美在整体”,归根结底是“美在自然”。美在自然有两个含义:一是生机勃勃的自然世界,也就是中国人强调的造化、天地、宇宙、大化等。在这一自然世界里,充满神奇、美妙的东西,成为人世的法则,故有“道法自然”一说。第二种含义是“自然而然”,不假人为、人力,天性如此、天然如此。如果说第一义是现象,那么第二义就是属性、性质。由于自然本身所具有的生命性契合人间,中国古代哲学强调“天人合一”,天与人不分彼此,在天人契合之中感受到自然天地之大美。

蒋孔阳对中国画的美学阐释是独具只眼的。他提出中国画艺术美学的五个维度——笔墨、线、以小观大、超越性、综合性,既重视技法形式,又重视精神内容。他从艺术思想角度概括中国画“美在神似”“美在个性”“美在整体”“美在自然”审美倾向的四个方面特征,在内容上层层递进,紧扣中国画的本色精神,又运用新的理论加以阐述,在绘画美学研究上具有典范性意义。

四、艺术美的创造

在20世纪五六十年代,蒋孔阳集中探讨了艺术美的问题。这一阶段的探讨主要围绕两个方面:一是艺术美与自然美的关系问题,二是艺术美与生活美的关系问题。前文已谈,此不赘述。在五六十年代,蒋孔阳还没明确提出“美在创造”这一观点,而到了80年代,“美在创造”成为其美学理论的重要内容。

在《美和美的创造》(1981年)中,蒋孔阳谈了文学艺术如何创造美的问题。在谈创造艺术美的问题之前,蒋孔阳首先分析了“什么是美”和“如何创造美”两个问题。就“什么是美”,他立足马克思主义,认为美有四个要素,一是形象性,二是感染性(情感性),三是社会性,四是“人的本质力量的对象化”。总而言之,“美是一种客观存在的社会现象,它是人类通过创造性的劳动实践,把具有真和善的品质的本质力量,在对象中实现出来,从而使对象成为一种能够引起爱慕和喜悦的感情的观赏形象”[①]。这一定义有两个维度:一是社会性维度,包括社会性、实践性、本质力量等;二是艺术性维度,包括形象、情感等。就“如何创造美”而言,蒋孔阳认为应依照“美的规律”来进行。什么是“美的规律”呢?这来源于生活实践;生活实践是有意识、有目的、自由的、创造性的,这也就是美的规律的表现。劳动所具有的特征使劳动本身成为美的,因为它体现了“人的本质力量”。人的本质力量不是别的,正是“自由”。可以说,“美的规律”就是“自由的规律”:“自由地对待劳动,自由地创造我们所愿意创造的一切。”[②]在后来的《美学新论》中,蒋孔阳对美的规律有这样一段说

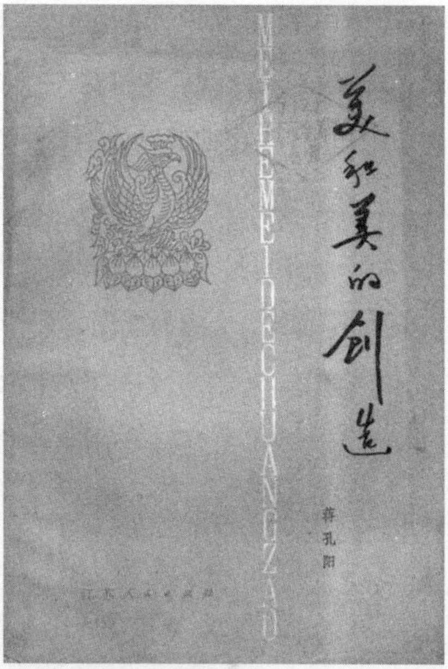

>>《美和美的创造》书影

①《蒋孔阳全集》第三卷,安徽教育出版社 1999 年版,第 631 页。
②《蒋孔阳全集》第三卷,安徽教育出版社 1999 年版,第 635 页。

明:美的规律应当是“人类在劳动实践的过程中,按照客观世界不同事物的规律性,结合人们富有个性特征的目的和愿望,来改造客观世界,不仅引起客观世界外在形态的变化,而且能够实现自己的本质力量,把这一本质力量自由地转化为能够令人愉悦和观赏的形象”①。美的规律包括两个尺度:第一个尺度是“物的尺度”(即客观世界的规律),第二个尺度是“人的尺度”(即人的目的性)。并且“美的规律”只在造形和形象思维中(即形象性)。具体说就是在文学艺术中,“严格说来,美的规律是指文艺创作而言的”②。正是因为创造美与“人的本质力量”“美的规律”的密切关系,文学艺术创造美就表现出相应的原则和要求。首先,“艺术是对于客观现实生活形象的反映”,反映生活有两点要求:一是真实,二是形象。但真实并不等于歌颂本身,还要批判性的思考,可以说,真实的要义是“严肃”。形象自不待言,没有形象就没有艺术美,但仅仅有形象,那就走向了唯美主义;尽管唯美主义与生活有联系,但它是不真实的。其二,艺术美的创造还离不开艺术家的修养,即主体性、主观精神、世界观、价值观等。在这个意义上,艺术家就是“人类灵魂的工程师”③。没有精神高度,你即便真实地、形象地反映生活,也将是肤浅的、错位的。其三,艺术美的创造还与不断的艺术文化实践密切相关。所谓实践就是艺术家的长期训练。这个长期训练不单单是技巧性的,蒋孔阳用了“眼高手高”这个词,一方面强调要有文化的修养和思想境界,另一方面强调艺术技巧的炉火纯青。其四,艺术美的创造还与“形式的完美与独创”息息相关。这是蒋孔阳对形式的重视。“对于艺术的美来说,形式不

---

①《蒋孔阳全集》第三卷,安徽教育出版社 1999 年版,第 226—227 页。
②《蒋孔阳全集》第三卷,安徽教育出版社 1999 年版,第 259 页。
③《蒋孔阳全集》第三卷,安徽教育出版社 1999 年版,第 640 页。

是可有可无的，而是必须的。不仅是必须的，而且是必须加以刻苦地训练和探索，以求达到高度的完美。”[①]但是，达到上述四个要求未必就意味着艺术美被创造出来了。是不是艺术美，只有唯一的检验标准，就是艺术品本身。上述四个要求都是外在的，它必须“作品化”才可以实现艺术美。

在《关于创造艺术美的几个问题》(1983 年)中，蒋孔阳继续探讨艺术美问题，一共谈了六个方面的问题。第一个问题，艺术创造是以创造美为目标的。这一点已经从反映论走向审美论了。如果说反映论是艺术创造的基础，那么艺术美就是艺术创造的高度了。文学艺术作品“必须有美学特征，能够给人带来美的享受”[②]。艺术创造有三个目的：一是反映现实，这是就艺术与世界的关系而言的；二是表现思想感情，这是就艺术与艺术家的关系而言的；三是创造美，这是就艺术本身的特性而言的。创造艺术美并不等于创造一种纯粹的美，而是创造一种植根生活的艺术美。

第二个问题，艺术美与生活是紧密结合在一起的。“文学艺术要创造美，必须深入到生活中去，把生活的矛盾和斗争反映出来，把生活的气息与生活生命灌注到艺术形象中去，使艺术的形象活起来，就像真的一样感动人，这时，艺术家才算创造了美，他的作品也才是美的。”[③]对艺术美与生活一致性的强调必然反对另外两种极端化的艺术美：一是唯美主义，它斩断与生活的联系；二是概念化创作，它违反艺术美本身的规律。

第三个问题，艺术美与艺术真是紧密结合在一起的。艺术来源于生活，一方面要反映真实的生活，另一方面要真实地反映生活。第一点是对象问

---

①《蒋孔阳全集》第三卷，安徽教育出版社 1999 年版，第 645 页。
②《蒋孔阳全集》第五卷，安徽教育出版社 2005 年版，第 572 页。
③《蒋孔阳全集》第五卷，安徽教育出版社 2005 年版，第 574 页。

题,第二点是艺术手法问题。就第一点而言,我们不能反映虚假的、子虚乌有的生活。就第二点而言,我们不是原封不动地反映,而是创造性、艺术性地反映生活。"文学艺术的美是以生活的真为基础,把生活中的真惟妙惟肖地描写出来,比生活本身更为引人注目,更能打动人,这时,它就直接成为审美的对象,从而创造了美。"①

第四个问题,艺术美的创造需要理性的投入,即对生活进行探讨和研究。对生活进行探讨和研究就是不漂浮在生活的表面,而是深入生活,理解生活的本质和规律。"文学艺术工作者对于生活探讨愈深刻,以一个思想家的态度来发现生活的奥秘,然后把生活的奥秘通过美的艺术形象反映出来,那么他就愈能创造美。"②很多艺术家的作品之所以无法打动我们,就在于他们只看到生活的表面,而"伟大的作家,他们都不是为写生活而写生活,他们写生活的目的都是要探讨生活,研究生活,都是要回答人为什么要这样生活? 这样生活有没有意义? 使读者不仅能得到艺术上的享受,而且跟着一起探讨生活,对人生真谛得到启发"③。如果艺术过分官能化、娱乐化、市场化,那么艺术就无法承担启迪生活的功能,也就从根本上偏离了"文学是人学"的人文轨道。

第五个问题,艺术美的创造与作家的价值观密切相关。所谓价值观就是"神圣的使命感和社会责任感"④,就是创造的目的诉求,就是一个作家"为什么创作"的问题。真正伟大的艺术家就是"要把他所看到的和感受到的生

---

①《蒋孔阳全集》第五卷,安徽教育出版社2005年版,第576页。
②《蒋孔阳全集》第五卷,安徽教育出版社2005年版,第576页。
③《蒋孔阳全集》第五卷,安徽教育出版社2005年版,第577页。
④《蒋孔阳全集》第五卷,安徽教育出版社2005年版,第577页。

活真实地反映出来”，如果“单纯为了追求名利，就不能真正地深入生活、探讨生活，也就不能创造出美的形象来”[1]。就现实而言，这种使命感和责任感就是为社会主义精神文明建设作出贡献；就历史而言，就是揭示生活的真谛、历史的真谛、人生的真谛，从而打动世界。

第六个问题是艺术美创造的形式问题。前五个问题都是艺术的内容，这个问题是艺术的形式，但形式并不容易掌握。完美的形式需要两个统一。一是认识与行动的统一，仅仅学习了各类技巧并不等于你会用技巧，因此必须付诸实践。二是主体与客体的统一，就是艺术家要和生活为一、和自然为一、和世界为一，投入到生活、自然、世界中去，并且用完美的艺术形式来表现生活、自然、世界。艺术形式的最核心的特征就是创新，剽窃、模仿都不能保证艺术美，真正完美的艺术形式有的时候就是一次性的，而不是重复性的。

在《美学新论》中，蒋孔阳对创造艺术美做了更深入的理论探讨，特别是在第三编“美的规律”中。这一编主要是探讨“美的创造”的，具体而言就是“艺术美的创造”。

首先，蒋孔阳提出美的创造是一种“多层累的突创（Cumulative emergence）”。多层累的突创包含两个方面：第一个方面是多层累，第二个方面是突创。从第一个方面说，美的形成是“空间上的积累与时间上的绵延，相互交错，所造成的时空复合结构”[2]。这一时空复合结构有四个维度：第一个维度是自然物质层（也包括物质属性），这是多层累的物质基础。第二个维度

---

①《蒋孔阳全集》第五卷，安徽教育出版社2005年版，第578页。
②《蒋孔阳全集》第三卷，安徽教育出版社1999年版，第148页。

是知觉表象层,这是自然物质层转化为“人化了的感觉形象”,是“客观事物各种属性、各个部分及其相互关系的整体和反映”。知觉表象层是整体的,而非局部的;是集中的,而非分散的。第三个维度是社会历史层,社会包含了经济基础和上层建筑,历史则将过去、现在、未来联结为一体。也就是说,美的创造是全方位、时空性的,而不是生活的切片或者真空化的生活。第四个维度是心理意识层,这一层次主要是针对审美主体而言的。蒋孔阳在这里还吸收了精神分析学派的观点,认为心理意识包括意识和无意识两个方面,它们也构成了多层累的内容。可以说,多层累理论将物质性与精神性、客观性与主观性紧密结合起来,比较客观全面地呈现了审美创造的本来面貌:“自然物质层,决定了美的客观性质和感性形式;知觉表象层,决定了美的整体形象和感情色彩;社会历史层,决定了美的生活内容和文化深度;而心理意识层,则决定了美的主观形式和丰富复杂的心理特征。正因为这样,所以美既有内容,又有形式;既是客观的,又是主观的;既是物质的,又是精神的;即(既)有感性的,又有理性的。”①如果说多层累是美的创造的第一个阶段,即“美的形成”,那么突创就是美的创造的第二阶段,即“美的出现”。美的出现不是逻辑推理的结果,也不是时间到了自然出现的,而是具有突然性。这突然性表现在四个方面:第一是“直觉的突然性”,美突然扑面而来。第二是“感受的完整性”,就是对美有一种整体的感受,而不是局部和细节感受。第三是“思想情感的集中性”,就是陶醉其中,沉浸其中。第四是“想象的生动性”,就是对美的欣赏是无法量化、计算化的,到了“只可意会不可言传”的地步。所谓“意会”即浮想联翩、“神与物游”。简言之,多层累突创说

---

①《蒋孔阳全集》第三卷,安徽教育出版社1999年版,第156—157页。

明“美一方面是多层因素的积累，另方面又是突然的创造，所以它能把复杂归于单纯，把多样归为一统，最后成为一个完整的、充满生命的有机的整体”①。所以，蒋孔阳借鉴马克思的话认为，“美的形成和创造，事实上就是许多规定的综合，就是多样性的统一”②。这种从“变化和运动当中，从多层次的结构当中”来探讨美，无疑是令人耳目一新的，显示了蒋孔阳美学思考所独有的多元性、复合型精神。姚文放认为蒋孔阳的多层累的突创理论注重对精神性的追求，“充满了人文色彩和人间情怀”，“来源于并超越于杜威的‘突创’论”③，体现了其学术研究的前沿性。

其二，美的创造是将物的尺度（任何物种的尺度）和人的尺度（内在固有的尺度）结合起来的。这两个尺度用中国传统诗学理论来说就是“外师造化，中得心源”（张璪语，见张彦远《历代名画记》）。就物的尺度而言，就是“到生活中去，熟悉人的尺度，掌握生活的尺度，并以全心的热情爱人、爱生活，从而把它们变成自己的躯体，化成自己的血肉”④。在这里，物的尺度是和人的尺度（内在固有的尺度）紧密结合的，“那些具有‘内在固有的尺度’的文艺工作者，他们本色本香，不随波逐流，不争名夺利，超然于世俗之外，然后才能以灵犀一点的心灵，静观默照的眼睛，烛照大千世界的幽深和隐秘，从而写下了传世的名作，留下了‘清气满乾坤’”⑤。无论是物的尺度还是人的尺度，都是具体的，因为尺度本身就是具体的，它不是抽象的，而是和事

---

①《蒋孔阳全集》第三卷，安徽教育出版社 1999 年版，第 158 页。
②《蒋孔阳全集》第三卷，安徽教育出版社 1999 年版，第 159 页。
③姚文放：《“多层累的突创”说探源——蒋孔阳创造美学与杜威“突创”论的相关性》，载《学术月刊》2013 年第 10 期。
④《蒋孔阳全集》第三卷，安徽教育出版社 1999 年版，第 264 页。
⑤《蒋孔阳全集》第三卷，安徽教育出版社 1999 年版，第 266—267 页。

物的形象密切相关。就物的尺度而言，并非是指物的规律，而是指物的特征、物的精神，也就是从形似到神似。就人的尺度而言，也并非是指人的本质和规律，而是指艺术家的情感、意志。就艺术创作而言，艺术家“不是喻人以理，而是要动人以情”，“以情观情，以情写情”；美总是和情感联系在一起的，他要有“赤子之心”，要有“高贵的同情心”，“把无情化成有情，把普通而又平庸的生活写成具有是非爱憎的生活”。[①] 而这正是两种尺度完美结合的最好表现。

艺术美的创造不仅仅是关于艺术的，还是关于生活、关于真理、关于价值的。当艺术家真正理解艺术美与它们的密切联系的时候，创造艺术美不仅成为必要，也将成为必须。艺术美的创造始终是艺术家的使命，没有伟大的艺术家，也将没有伟大的艺术品。蒋孔阳对艺术美的强调始终坚持生活与艺术的统一，将生活、艺术家、形式等密切结合起来，特别是对艺术家的强调，无论世界观、价值观、精神修养、理性精神等都提出了不少有益见解，对当代文学艺术的创作与发展是富有启发意义的。

蒋孔阳的文艺美学思考涉及古典文艺美学、门类文艺美学、文艺美学原理等方面，注重文艺、美学、哲学、文化与人生的统一，对艺术美的创造进行了精微的分析和阐释。正是由于其杰出的学术开拓，文艺美学研究成为蒋孔阳美学思想最富特色的一个维度，也奠定了其在文艺美学研究领域突出的学术地位。

---

①《蒋孔阳全集》第三卷，安徽教育出版社1999年版，第267页。

第五章　中国立场

蒋孔阳对中国美学史的研究起步于20世纪70年代后期，集中体现在80年代，延续至90年代。蒋孔阳在中国美学史研究上也取得了令人瞩目的成绩，其代表作就是《先秦音乐美学思想论稿》。他曾说，“我是中国人，写中国的东西，特别感到亲切”，这部书是“自己特别心爱的”①。这流露出一名中国学者可贵的文化自信。可以说，蒋孔阳在自己的美学研究中始终坚持一种中国立场，为本民族美学传统的发扬和发展摇旗呐喊。到了90年代，他有感于国外“对中国美学界的了解是一片空白”，极力呼吁“我们要中西交流，没有一定的往返渠道，只引进不输出，我们不可能走向世界”②。他坚信，“中国能够自立于世界的，还是中国传统的炎黄文化”，而“西方对我们中国文化的介绍理解不够”，因此必须加强文化的宣传与交流③。中国美学要坚持传统立场，大力输出，这一看法

①《蒋孔阳全集》第五卷，安徽教育出版社2005年版，第852页。
②《蒋孔阳全集》第五卷，安徽教育出版社2005年版，第859页。
③《蒋孔阳全集》第五卷，安徽教育出版社2005年版，第715页。

是非常有见地的。

一、研究范式的创新

《先秦音乐美学思想论稿》是蒋孔阳第二部美学断代史著作，起笔于1975年。此时，“文革”尚未结束，蒋孔阳也刚刚结束劳动改造，虽然不能上课，但有时间可以到图书馆阅读大量书籍，从而进行学术研究。该书写作只用了不到两年的时间，于1976年完成。但是由于各种原因，直到1986年才出版，这一年，蒋孔阳已经64岁了。

这部书是蒋孔阳撰写的唯一一部关于中国古代美学思想的书。之所以从音乐美学思想开始，这是因为蒋孔阳对中国古代美学史的独特思考。他认为，“我国古代最早的文艺理论，主要是乐论；我国古代最早的美学思想，主要是音乐美学思想”[①]。这一论断基本决定了《先秦音乐美学思想论稿》的学术地位：它是中国第一部专题类的美学思想史著作，也是中国古代专题美学断代史的第一部著作。尤其难能可贵的是，蒋孔阳以音乐为轴心，系统梳

①《蒋孔阳全集》第一卷，安徽教育出版社1999年版，第465页。

作为劳动,除了提高生产效率之外,还有一个重要功能——“控制自然”,这就是音乐的“巫术”性,即通过巫术性的音乐达到娱神、降神的目的,进而促进社会生产。音乐的简单化与劳动性直接决定了音乐在生产劳动中的作用和地位。但是随着阶级社会的到来,音乐的劳动性减弱,阶级性增强了,主要表现在三个方面:第一,“典礼化”,就是形式化,音乐从生产劳动中泛化到生活的各个方面,并且形成一系列的仪式、规则、程序等。第二,“等级化”,不同的阶层有不同的音乐,不同的人有不同的音乐,相互之间不能逾越。第三,“神秘化”,把乐师神化,把音乐的起源神化,斩断音乐与劳动的生命联系。随着从无阶级社会到阶级社会的转变,音乐的阶级性得到强化,但不意味着阶级社会就没有和劳动相关的音乐了,比如广大劳动人民的音乐,和统治阶级的音乐是“二水分流”,也有它的意义和价值。

在先秦时代,音乐美学思想已经“文本化”,体现在先秦文献之中。在这些文献中,音乐美学思想又体现为“体系化”,这就是先秦诸子的音乐美学思想。从文本化的角度来说,蒋孔阳主要探讨了春秋时期的音乐美学思想,如阴阳五行观念与音乐美学思想的关系。从体系化的角度而言,蒋孔阳主要探讨了以孔子、老子等为代表的先秦诸子的音乐美学思想。

蒋孔阳为什么要探讨阴阳五行与音乐美学思想的关系呢?第一,因为蒋孔阳是从阶级角度和马克思主义的角度来分析的,非常强调唯物主义和人民性。第二,阴阳五行是先秦时代的朴素唯物主义,强调和生产劳动的关系。这两点决定了蒋孔阳首先要探讨的是阶级社会中的进步力量。以阴阳五行为代表的音乐美学思想是反对先秦统治阶级(奴隶主阶级)神秘化的音乐美学思想的。殷商重“帝”,周重“天命”。“帝”的观念近似宗教,而“天命”则倾向于伦理道德(“德”)。德是内在的,而外在的就是礼,乐是为德、礼服务的,三者共同维护天命。故此,周代的思想体系就围绕着天、德、礼、乐四个方面。这一思想体系在西周时期较为平稳，但是到了东周时期，社会发生了剧烈的变化。周王朝的统治出现了危机：一是政治危机，犬戎入侵，周王室东迁；二是道德危机，周代统治者道德滑坡，圣君难觅；三是经济危机，社会矛盾日益突出，人民生活困苦不堪。在此情况下，神秘化的天道观也就越来越缺乏说服力，随之出现的是更为朴素、实际的阴阳五行观念。五行说没有具体体现在个别文本中，而是普遍存在于春秋时期的文献中。五行是金、木、水、火、土，这和天是不同的体系，二者可以称之为“五行”体系和“天”体系。五行不负载道德、政治的内涵，而秉有自然的属性。五行体系的出现有两个诱因：一是“物”脱离“天”；二是“地”脱离“天”，而具有了自己的独立地位，不再依附于“天”体系之中。由于“物”“地”自主性的出现，五行也就具备了哲学基础。阴阳观念是和五行观念相类似的。阴阳是中国古人对自然现象进行观察之后提炼出来的，指的是自然界两种对立力量。这两种力量相互消长变化，万物才得以各安其位，否则就会出问题。如果说五行是从天体系脱离出来的，那么阴阳是吗？从一定意义上说也是，阴阳并不仅仅指具体的两种对立力量，而更多的是指阴阳二气。气是无形的，是属天的。这就意味着阴阳也是从“天”体系中脱离出来的。后来还有哲学家将“气”作为构成万事万物的基本元素，和五行类似。无论是阴阳，还是五行，都与具体的事物、实践紧密相连，而不再束缚于宗教、伦理等。在这一观念之下，对音乐的理解被导向了生活（生产劳动）领域，主要体现为两点：一是“省风”，二是“宣气”。所谓“省风”是指音乐的认识功能，即通过音乐认识到社会之风、自然之风，从而依自然社会之规律而行事。因此，“音乐通过‘省风’参与当时的农业生产、战争、政治以及其他方面的活动”，成为“社会生活中不可分割的一个组成部分"。[①] 所谓"宣气"是指音乐的实践功能,具体说就是疏导阴阳二气,使其顺畅而利于生产。但是这种朴素的唯物主义音乐美学思想在后来却越来越神秘化,并且被伦理化的音乐美学思想所淡化。就神秘化而言,阴阳五行观念脱离了生产实际而走向了谶纬神学;就后者而言,伦理化的音乐美学思想成为春秋末期和战国时期主要的音乐美学思想,其代表人物就是先秦诸子。

先秦诸子的出现是与私家讲学紧密联系在一起的。先秦私家讲学在春秋之前是不多见的,因为当时都是"学在官府"。到了春秋末期和战国时期,新的生产关系逐渐形成,一些旧贵族流落民间,这给诸子百家的兴起奠定了物质基础。私家讲学给音乐美学思想带来了三大好处:一是诸子思想的自由度和层次性提高了,他们不再受控于原有的政治权威,可以专注于思想本身。二是诸子思想开始体系化,出现了一系列较为系统的音乐美学思想。三是诸子音乐美学思想主题集中紧凑,多数围绕的都是同一个问题,即"礼乐";大致形成两个阵营,一是维护礼乐,二是反对礼乐。但是,两个阵营只是相对而言,并非绝对,并且其内部也呈现出复杂性和多样性特征。礼乐,就主题而言,它是先秦音乐美学思想,特别是战国以后,一个共同的思想域。

那么,何谓礼乐呢?首先,礼乐是一种制度。礼乐制度的建立是在周代。礼乐制度的核心是等级性,但礼和乐在维护等级性上的表现并不一致。从一定意义上说,礼是内容、根本,乐是形式、辅助。由于音乐的参与,礼显得庄严肃穆、温情脉脉,而不再是等级森严,故有"乐从和"(《国语·周语》)一说。《周礼·大司乐》中说:"以六律、六同、五声、八音、六舞、大合乐,以致鬼神示,以和邦国,以谐万民,以安宾客,以说远人,以作动物。"由此可见,虽

①《蒋孔阳全集》第一卷,安徽教育出版社1999年版,第510页。

然音乐从属于礼,但它的作用极为重要。随着社会关系的变化和社会矛盾的加剧,这种建立在周代的礼乐制度到了春秋末期和战国时期发生了巨大变化,这就是人们经常提到的"礼崩乐坏",原有的等级性荡然无存或分崩离析。面对这种状况,围绕着如何看待礼乐问题,先秦诸子都在发表自己的看法,蒋孔阳对此也做了深入的剖析。

此外,"中国艺术与中国古代美学思想"虽是《美学新论》中的一部分内容,但更近于古典美学史研究。蒋孔阳非常注意将艺术与美学结合起来加以研究,前述唐诗美学、中国绘画美学就是体现。蒋孔阳从宗法礼教和小农经济两个角度来结构中国古代美学思想。所谓小农经济就是以广大劳动人民为主的经济形态,所谓宗法礼教就是封建社会的意识形态。于是,中国古代文学艺术就向着这两个方向发展:"一是民间的讽喻诗和抒情诗,以及士大夫知识分子怡情遣兴的文学艺术;二是歌功颂德的朝廷宗庙的礼乐文章。"①前者表现劳动阶层的思想意识,后者表现统治阶层的思想意识。可以说,中国古代文艺与美学思想呈现鲜明的"二元论"或"主流/非主流"特征。

就统治阶层而言,礼乐占据核心。礼乐与政治生活、血缘伦理密切相关,因此在古代宗法美学思想上就呈现以下五个特征:第一,宗法美学"具有浓厚的政治伦理色彩"②,所有的美学思想几乎都指向政治与教化,无论是采风,还是培养规范化的治国人才。中国古代宗法美学的核心命题是"诗言志",但这个"志"已经政教化了,乃至后来的"诗缘情"都无法避免受到政教的巨大影响。第二,宗法美学"具有森严的等级差别"。所谓等级就是身份、地位,它们之间不可混淆和逾越。因此,其审美观点就是"讲究身份,讲究气

---

①《蒋孔阳全集》第三卷,安徽教育出版社 1999 年版,第 467 页。
②《蒋孔阳全集》第三卷,安徽教育出版社 1999 年版,第 469 页。

派,讲究威严,讲究富贵"[①]。具体表现有三点:一是"摆出威严和气势的场面,高不可攀,令人生畏生敬"[②],如故宫之森严;二是"显出富贵豪华的场面"[③],雕梁画栋,极尽奢华;三是"带有吉祥的象征意味",极力美化某些符号和形式。第三,宗法美学"强调人与自然的统一,强调'致中和'的美学思想"[④]。蒋孔阳对比了中西不同的审美态度,认为中国强调天人一体;而西方强调天人相分,反映在艺术中就是,文艺要"写斗争,写反抗,写人去对客观世界起作用"[⑤]。然而,中国的文艺却是"致中和",合乎宗法社会的"礼"。第四,宗法美学"重视感情,讲究人情味"[⑥]。这一点在《孔子的美学思想》一文中已做说明,又放入《美学新论》中,可见蒋孔阳对"人情味"的重视。"人情味"指重视情感,这和西方基于理性、基于宗教的禁欲主义不同。另外,中国人谈感情是政治性、社会性的,但西方人谈感情却是生理性和心理性,二者层次并不一致。二者的弊端是,中国人的感情容易走向瞒和骗,而西方人的感情容易走向生理化、身体化。第五,中国古代宗法美学追求"人间的美",这和西方的宗教路向所导致的"非人间的美"是不同的。这一点使国人的审美往往是现实性的、功利性的。上述五个特征中,既有消极的,也有积极的,需要我们有自觉的意识。

以上是从统治阶级角度来说的,他们的美学是宗法美学,主要是儒家美学。与此相对立的是从被统治阶级角度来说,就是小农美学,主要是道家美学。蒋孔阳认为道家美学主要有两点特征:一是自由,二是自然。自由就是

---

①《蒋孔阳全集》第三卷,安徽教育出版社1999年版,第471页。
②《蒋孔阳全集》第三卷,安徽教育出版社1999年版,第471—472页。
③《蒋孔阳全集》第三卷,安徽教育出版社1999年版,第472页。
④《蒋孔阳全集》第三卷,安徽教育出版社1999年版,第473页。
⑤《蒋孔阳全集》第三卷,安徽教育出版社1999年版,第474页。
⑥《蒋孔阳全集》第三卷,安徽教育出版社1999年版,第475页。

“在精神上解除了外界的束缚，逍遥自在”[①]，是“忘去外界的束缚，取得内心的解放”[②]；而自然是“忘去内心的束缚，顺应自然的规律，取得自然的‘天性’”[③]。在艺术上，道家美学主要表现在山水诗与文人画（水墨画）上。蒋孔阳将文人画的美学特征概括为四个方面：一是“追求兴趣”，而不事礼乐，强调“随兴而发，适趣而作”[④]。二是“注重人品”，这里的人品并非指人格。蒋孔阳认为，人品首先指画家是一个“文人”，有着丰富的人文修养；其次，人品强调“我”，强调创作主体的“情趣”。三是“游心自然，畅神达意”[⑤]，与自然一体，心物相契，达到天人合一、自我超越的最高境界。四是注重“整体意境”，不拘泥局部和细节，“而是以自己的感情为主，通过心灵的感受，去摄取某些物象，来构成某种景或境，从而形成一个自足的艺术天地”[⑥]。可以说，整体意境强调的就是整体的真实、本质的真实。

二、思想梳理与写作方法

蒋孔阳对先秦诸子音乐美学思想进行了纲要式的梳理，既抓住重点，又进行了比较分析，因而较为全面地呈现了先秦音乐美学思想的谱系。依历史顺序，蒋孔阳首先讨论了孔子的“正乐”思想。蒋孔阳认为孔子将礼乐紧密结合，形成了一套完整的关于礼乐的哲学和美学体系，这是孔子的创新之处。孔子正乐的目的就是反对新乐而臻达雅乐，其弊端就是无法给予具有创新性的音

---

①《蒋孔阳全集》第三卷，安徽教育出版社 1999 年版，第 479 页。
②《蒋孔阳全集》第三卷，安徽教育出版社 1999 年版，第 480 页。
③《蒋孔阳全集》第三卷，安徽教育出版社 1999 年版，第 481 页。
④《蒋孔阳全集》第三卷，安徽教育出版社 1999 年版，第 483—484 页。
⑤《蒋孔阳全集》第三卷，安徽教育出版社 1999 年版，第 484 页。
⑥《蒋孔阳全集》第三卷，安徽教育出版社 1999 年版，第 486 页。

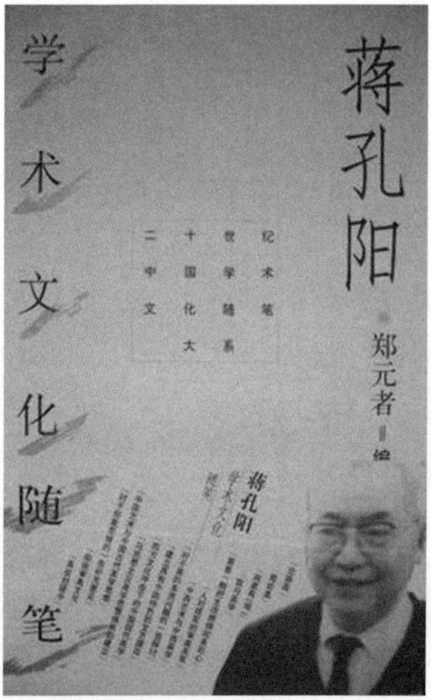

>>《蒋孔阳学术文化随笔》书影

乐以合法性地位，从而影响后世音乐的发展。不过，臻达雅乐固然有维护旧有制度的因素，但其积极意义在于重视音乐的美育功能（诗教、育人）。这一点是孔子正乐思想的积极之处。

晚于孔子的墨翟是反对礼乐的代表思想家之一。如果说孔子是礼乐思想的集大成者，那么墨翟可以视为反礼乐的思想家，他的核心观点是“非乐”。蒋孔阳总结了墨翟《非乐篇》中对音乐所确定的“七宗罪”：制造乐器费时费力，乐器对国计民生无用，音乐浪费劳动力、妨碍生产，音乐影响生产，音乐导致浪费，音乐妨碍工作，音乐可以亡国。墨翟非乐固然有现实意义，但其局限性在于理论深度不够，没有看到儒家礼乐思想的阶级本质，也无法从根本上起到促进劳动阶级对奴隶主阶级进行反抗的作用。

反对音乐的还有老子和庄子。“大音希声”是老子音乐美学思想的核心。所谓大音，蒋孔阳认为，这指的就是“音乐本身”，是音乐的“道”。所谓音乐的道就是音乐的最高境界、普遍规律。大音希声“促使我们去探讨音乐的‘道’，去探讨音乐现象之外的音乐的普遍规律，却也不能不说是音乐美学思想的一种进步”①。从一定意义上说，中国音乐美学思想思辨路向的发展，

①《蒋孔阳全集》第一卷，安徽教育出版社1999年版，第604页。

老子是一个里程碑式的人物。由于老子强调道的自然性，其反对感官的根本目的在于对道的强调，是要将音乐等艺术导向自然、无为、无欲(相对于礼乐)，而不是沉溺于感官之乐、政教之乐。因此，蒋孔阳给予老子很高的评价："正是老子提倡顺应自然之道的音乐，它在中国二千多年沉沉昏暗的封建社会中，却常常像一股新鲜的空气，号召人们冲破礼教的樊篱，走向广阔而又朴素的自然。不事雕琢的自然，'清水出芙蓉'的自然，是中国文人最高的美学思想之一。这一美学思想，又不能不说是导源于老子。"①

"至乐无乐"是庄子音乐美学思想的核心命题。蒋孔阳将庄子音乐美学思想概括为五大方面：第一，提出"至乐无乐"的命题。第二，区分了"道"的音乐和"形"的音乐。第三，扬"道"之音而抑"形"之音。第四，反对人为之乐，进而退至原始主义，在某种意义上这就不是净化作用，而是麻醉作用了。第五，指出欣赏音乐要"适性"，就是合乎自然。最后，蒋孔阳认为庄子音乐美学思想的贡献表现在两个方面：其一，"他反对雕琢，崇尚自然；反对繁缛，崇尚素朴；反对虚伪，崇尚真情"，不仅在当时具有现实意义(反儒家礼乐)，对后世也有启发意义。其二，庄子是"最早探讨文艺创作的规律的一个哲学家和美学家"②。庄子很多词语如"自然""适性""凝神""静心""心斋""坐忘""物化"等都和艺术创作息息相关。基于此，蒋孔阳认为庄子"对我国文学艺术的发展，起过巨大的推动作用"，其思想"自成一派，千古不朽"，是有充分的事实根据的。

赞同孔子礼乐思想的是孟子。孟子音乐美学思想的核心是"与民同乐"。蒋孔阳认为，与民同乐的思想实质就是使人民知道"义命"之所在，实

---

①《蒋孔阳全集》第一卷，安徽教育出版社 1999 年版，第 609 页。
②《蒋孔阳全集》第一卷，安徽教育出版社 1999 年版，第 624 页。

现政治上的伦理认同,即君民关系如父子关系一样,从而达到政治的稳定、统一、和谐。但是,君王之乐的阶级性是不可忽视的,两种不同阶级的审美趣味无法调和。虽然无法调和这一矛盾,但孟子对音乐主体人格修养的强调还是有其理论意义的,特别是孟子对“气”的强调,对“后来的文艺理论和美学思想都影响很大”①。但是,在孟子那里,气主要是人格修养,是道德层面的,而非审美层面,体现了美善一体的思想倾向。蒋孔阳认为,重视艺术审美层面的是庄子,而非孟子②。

与孟子一样,荀子也是孔子思想的继承者。蒋孔阳认为,礼乐思想肇端于孔子,理论化于荀子《乐论》,集大成于《礼记·乐记》。“只有荀况,方才真正坚持了‘礼’的传统,对‘礼’作了深入的研究。”③按照荀子的看法,礼乐的功能体现在两个方面:一是分,二是和,礼主分,乐主和。蒋孔阳给予荀子以高度评价,认为荀子探讨音乐、政治、生产的关系在音乐美学思想史上是“第一次”,是开创性的④。荀子的开创性还体现在他对音乐与现实关系的思考上。蒋孔阳认为荀子是在这方面“第一个作了比较正确的阐述”的思想家⑤。荀子音乐美学思想中的唯物主义因素(如《正名》篇)对后世有着积极的影响,比如《礼记·乐记》的“心物感应”说。

在对礼乐的态度上,以孔子、孟子、荀子等为代表的思想家持认可的态度,而站在他们对立面的则是墨、道、法诸家,其中最晚出现的是法家。法家的代表人物是商鞅和韩非子。他们是站在新兴地主阶级的立场上来反对礼乐的。蒋孔阳将他们的观点概括为四个方面:第一,礼乐具有腐蚀作用;第

---

①《蒋孔阳全集》第一卷,安徽教育出版社 1999 年版,第 645 页。
②《蒋孔阳全集》第一卷,安徽教育出版社 1999 年版,第 646 页。
③《蒋孔阳全集》第一卷,安徽教育出版社 1999 年版,第 652 页。
④《蒋孔阳全集》第一卷,安徽教育出版社 1999 年版,第 668 页。
⑤《蒋孔阳全集》第一卷,安徽教育出版社 1999 年版,第 670 页。

二，礼乐不利于统治；第三，礼乐不利于富国强兵；第四，礼乐不利于中央集权。但是法家反对礼乐并不意味他们真正反对音乐、不懂音乐，或缺乏有价值的音乐美学思想。蒋孔阳认为法家仍有重要的音乐美学思想，如法家对文艺创作的基本规律有较深入的探讨，主要表现在想象、真实性、个性与音乐教学等方面。蒋孔阳认为，在对文艺创作基本规律的探讨上，韩非子可以排在庄子之后，位列第二。

按照历史顺序，《先秦音乐美学思想论稿》最后讨论的是《礼记·乐记》。在这里蒋孔阳又明确指出，“《乐记》在我国音乐美学思想发展的历史中，不仅是第一部最有系统的著作，而且还是最有生命力、最有影响的一部著作”[①]。就系统性而言，它超越荀子；就影响力而言，它是“集大成”之作。蒋孔阳将《乐记》思想内涵概括为四点：第一点是它提出的“心物感应”说，是《乐记》的理论出发点，总体上呈现“物—心—乐—情”的结构，“在我国美学思想史中，影响甚大”[②]；第二点是它对礼乐关系的系统化阐述；第三点是它对音乐“和”之作用的系统阐发；第四点是它对音乐的“德”“位”的强调。

纵观蒋孔阳以《先秦音乐美学思想论稿》为代表的中国古典美学史研究，其学术研究有如下特点：

第一是鲜明的马克思主义思想立场，将从社会角度探讨音乐美学思想和从哲学基础探讨音乐美学思想结合起来，而不是抽象地、泛泛地讨论先秦音乐美学思想。蒋孔阳将马克思主义唯物史观贯穿始终，认为有什么样的社会基础就会有什么样的哲学思想，有什么样的阶级属性就会有什么样的哲学思想，有什么样的哲学思想就会有什么样的美学思想。所以，在他的研

---

①《蒋孔阳全集》第一卷，安徽教育出版社 1999 年版，第 701—702 页。
②《蒋孔阳全集》第一卷，安徽教育出版社 1999 年版，第 734 页。

究中,对统治阶级与劳动阶级,统治阶级中的保守派与革新派,奴隶主阶级与新兴地主阶级等的划分,使其论述充分体现了马克思主义美学的特征。

第二是客观公正的学术态度,对先秦诸子以及若干文本的思想评价既尊重历史,又兼顾后世与现实;既看到时代性,又看到理论性。比如,韩非子反对礼乐,但关于某些文艺问题的探讨对后世仍然有借鉴意义。比如,庄子对精神自由极为提倡,但对后世知识分子却产生了消极影响。比如,儒家对音乐"和"之作用的探讨虽有理论意义,但后世的发展却因礼的束缚而不断退化退缩。比如,墨家反礼乐,对当时社会有现实意义,但理论上失之简单化,加之墨子阶级属性的不纯粹,削弱了其思想穿透力。比如,法家反儒,但在实践上又儒法合流。比如,荀子具有唯物主义的立场,但在涉及政治的时候又滑向唯心主义。这些评价都客观公允,没有一棍子打死。同时蒋孔阳还对时人的某些看

>>20 世纪 80 年代蒋孔阳先生(左二)携女儿拜访朱光潜先生(左三)

法提出反驳，比如他不认同孟子具有民主思想，不认可孟子对人格的提倡就是对个性的提倡，不认可时人认为的韩非子没有有价值的美学思想。

第三是提出了一系列富有独创性的学术观点。蒋孔阳指出，中国最早的文艺理论主要是乐论；重视自然的美学思想导源于老子；老子是第一个探讨文艺基本规律的哲学家；庄子是第一位重视精神自由的哲学家；荀子是第一位将礼乐思想系统化的哲学家，也是第一位系统探讨文艺、政治与经济关系的哲学家；对文艺创作基本规律的解释最出色的是庄子和韩非子；"心物感应"说是中国古典美学的源头，等等。这些判断都是富有学术眼光的。

第四是注重对学术史做出创新性的考察。大凡在讨论某些理论的时候，蒋孔阳总能将不同思想家的差异性、推进性作为重要内容，比如荀子对墨子的批评，比如老子和庄子的差异，比如荀子和孟子的差异，比如孟子相对于孔子对民间音乐的认可等，都贯穿始终，这种思想的对话状态使我们对先秦音乐美学思想的理解更加全面。

第五，资料翔实。这部书涉及的先秦诸子有孔子、墨子、老子、庄子、孟子、荀子、韩非子、商鞅等。重点分析的音乐美学思想有"礼乐""正乐""非乐""大音希声""至乐无乐""与民同乐"等。所涉及的历史文献有《论语》《老子》《庄子》《孟子》《荀子》《商君书》《韩非子》《诗经》《尚书》《周易》《礼记》《周礼》《左传》《国语》《吕氏春秋》《史记》《列子》《管子》等。可以说，这部书是以资料的系统、全面而著称于世的，其史论结合的方法论尤为值得认可。

三、从古典美学到现代美学

除了《先秦音乐美学思想论稿》，蒋孔阳还写过其他中国美学史的论文。

蒋孔阳曾不止一次提到要写一部《中国美学史》。在郜元宝的回忆文章中，蒋孔阳表示自己最有心得的是《先秦音乐美学思想论稿》，也做过唐诗、绘画等方面的美学研究，很想写一部《中国美学史》。关于蒋孔阳这一设想，估计很难实现。首先，上述研究中只有《先秦音乐美学思想论稿》是严格意义上的"美学史"，而唐诗美学、绘画美学等并不属此。可以将它们视为文艺美学研究，或者运用中国古典美学观点的古代文艺研究。第二，除了《先秦音乐美学思想论稿》属于体系之作外，其他文字都是片段式的，还缺乏体系。尽管蒋孔阳先生对中国古代美学做出了儒道二元划分，但在框架上并没有做出较大的创新，在后续相关美学史研究上还缺乏类似《先秦音乐美学思想论稿》那样的专论。第三，《先秦音乐美学思想论稿》写于20世纪70年代末，蒋孔阳杂务较少，但80年代中期以后进入《美学新论》的撰写，加之疾患，留给《中国美学史》的时间和精力就不多了。这些原因似乎导致了《中国美学史》无法真正完成。尽管如此，蒋孔阳先生的《中国美学史》构想也并非止于古代，在他的美学史构想中是希望从古代一直写到现代（当代）的。与古代一样，关于现代这一部分，蒋孔阳先生也没有成体系的著作，但有若干文章，大体可以视为对中国现代美学史的反思①。

《西方文化冲击下的中国现代美学》（1989年）所讨论的是19世纪末到20世纪80年代的中国美学，但主要集中于20世纪二三十年代。

蒋孔阳首先对中国现代美学做了性质上的判定，所谓现代美学是"五四"时期产生的，"是在西方文化这一总的冲击下从西方输入进来，并在西方的影响下发展起来的"②。西方文化的冲击自然对传统文化、传统美学造成

①此处的中国现代美学指"五四"至今的中国美学史，即包括了中国现代美学、中国当代美学。

②《蒋孔阳全集》第三卷，安徽教育出版社1999年版，第501页。

影响。原先旧观念、旧人生态度、旧文艺被新的观念、新的人生态度、新的文学所取代，最终也促使美学学科得以建立。这一判断基本上是正确的。

中国现代早期（“五四”前后）的美学代表人物主要有梁启超、王国维和蔡元培，他们是中国现代美学的开创者。在学术史意义上，蒋孔阳认为梁启超是最早引进西方美学观点的思想家。而王国维则走向了“系统的研究”，并且运用到中国古代美学与文艺批评上，成为“我国第一个融会中外，而又有所创新的现代美学家”①。蔡元培则在美育上成为“‘五四’时期的第一人。甚至我们可以说，他是‘五四’新文化启蒙运动的‘海燕’，是中国现代美学最早的先驱”②。在一般的美学史著作中，王国维、梁启超是重点，而对蔡元培关注不够。实际上，在蒋孔阳看来，中国现代美学的第一人应该是蔡元培。首先，蔡元培撰写《美学通论》（1921 年，未完），是“我国第一个准备系统探讨美学原理的人”③；其次，蔡元培撰写《美学的进化》（1920 年），又是系统介绍西方美学史的第一人；其三，蔡元培对中国古代美学也并未一概否定；其四，蔡元培对美育的贡献尤其巨大，不仅有文字著述，还将美育列入五大教育之中。

蒋孔阳从三个方面概括“五四”以后现代美学的成就：第一，“开始全面介绍西方美学”，其中贡献最大的是鲁迅和朱光潜。鲁迅对日本美学、俄苏美学介绍最多，并且最后接受马克思主义，与瞿秋白、周扬、冯雪峰等人一道，对传播马克思主义美学做出了卓越贡献。朱光潜对西方美学介绍最多，如德国（康德、尼采）、意大利（克罗齐）、奥地利（弗洛伊德）等国美学等，其

①《蒋孔阳全集》第三卷，安徽教育出版社 1999 年版，第 504 页。
②《蒋孔阳全集》第三卷，安徽教育出版社 1999 年版，第 504 页。
③《蒋孔阳全集》第三卷，安徽教育出版社 1999 年版，第 504 页。

文字“有叙有评，文笔生动，深入浅出，所以影响很大”[1]。第二，“开始建立新的美学体系”[2]。这里的建立体系只是“开始”，而非完成，其中较有成绩的有吕澂、范寿康、金公亮、陈望道、朱光潜、蔡仪，其中又以朱光潜、蔡仪最为深入。第三，“以西释中”和“中西比较”的研究实践，“以西释中”有王光祈、朱光潜、邓以蛰等，“中西比较”有宗白华、钱钟书。由于在20世纪80年代，正式出版的关于“中国现代美学史”的专著还很少见，所以，蒋孔阳对现代美学史第一阶段的思考是具有一定开创性的。比如他提到的两种研究路径“以西释中”“中西比较”是具有概括性的。

《建国以来我国关于美学问题的讨论》(1979年)是蒋孔阳新时期以来第一篇讨论中国当代美学史的文章。对这一时期的美学研究蒋孔阳概括为两个方面：第一个方面是美的本质问题，第二个方面是美学的对象问题。

美的本质问题就是美在何处的问题，这是思维与存在这一哲学根本问题在美学上的反映。蒋孔阳将这一时代关于美的本质问题的观点概括为四派：主观派、客观派、主客观统一派、客观社会派。主观派以吕澂、高尔泰为代表，他们否认客观美的存在，美只是主观的。客观派以蔡仪为代表。蔡仪的基本观点就是美是客观的典型的存在，是不依赖主观而存在的。主客观统一派以朱光潜为代表。客观社会派以李泽厚为代表。以上四派的观点蒋孔阳都做了简要的说明，同时又将当时反对者的观点陈列出来，使我们有进入当时美学大讨论的现场感。在这四派里面，蒋孔阳没有明确地说自己赞同哪一个，但对他们理论不足的批评描述是关键而到位的。从文章篇幅来说，蒋孔阳对朱光潜和李泽厚的描述较多，应该更为重视他们。蒋孔阳对四

①《蒋孔阳全集》第三卷，安徽教育出版社1999年版，第505—506页。
②《蒋孔阳全集》第三卷，安徽教育出版社1999年版，第506页。

派的评价是客观的，郑元者认为“得到普遍的认可”，“从发表迄今，其基本见解被广泛征引，产生了很大的影响”[①]。唯一值得指出的是，蒋孔阳并没有把李泽厚的美学概括为“实践派”，而是“客观社会派”。

关于美学大讨论的美学史描述往往针对美的本质问题，而对“美学的对象”涉及不多。在这篇文章里，蒋孔阳还特意讨论美学大讨论过程中涉及的“美学的对象”问题。

蒋孔阳将关于“美学的对象”问题的观点概括为三个方面：第一个方面是将美学的对象确定为美，美学就是“美的科学”，以洪毅然为代表。第二个方面是将美学的对象确定为艺术，美学就是“艺术的科学”，以马奇、朱光潜为代表。第三个方面是将美学的对象确定为“客观现实的美、人类的审美感和艺术美的一般规律”，以李泽厚为代表。关于美学的对象问题，蒋孔阳在《美学新论》中有讨论。

关于美学大讨论，很多学者都关注到蒋孔阳的客观梳理，其实蒋孔阳还看到了这次美学大讨论中存在的问题。在《评介〈西方美学史论丛〉》(1964年)一文中，蒋孔阳就指出，美学大讨论有三点不足：一是“马克思列宁主义经典著作学习不够，因而对于一些基本的美学观点，还缺乏共同的看法”；二是“联系艺术创作和艺术批评的实际不够，因而过多地纠缠在名词概念上”；三是“对于中外的美学遗产，批判和继承的工作做得不够，因而争论的内容比较单薄”[②]。这一诊治是很有见地的，尤其是第二点更具有针对性。

《对近年来我国美学研究工作的一些想法》(1984 年)所讨论的是改革开放早期的美学。这短短七年时间是中国现代美学第二次繁荣期的前期。

---

①《蒋孔阳全集》第五卷，安徽教育出版社 2005 年版，第 842 页。
②《蒋孔阳全集》第五卷，安徽教育出版社 2005 年版，第 501 页。

新时期早期的美学成绩主要表现在三个方面：

第一，研究逐渐深入，超越了“十七年”时期对美的本质和美学对象的讨论，“美感经验、审美教育、审美范畴、美的规律、自然美”等也得到深入的讨论①。相比“十七年”时期屈指可数的美学家，新时期早期的美学研究当中，一批中青年的美学家如陈望衡等开始崭露头角，美学研究力量不断扩展和壮大。

第二，美学研究的专业性加强了，科学化的研究成为特征，在马克思主义美学、中外美学史方面有了新成果。如对《1844 年经济学哲学手稿》（以下简称《手稿》）的研究就掀起了一个高潮；对中外美学史的研究，涌现了李泽厚的《美的历程》、朱光潜的《西方美学史》、汝信的《西方美学史论丛》等。这些使中国的美学“从单纯的讨论阶段，进入到深入的研究阶段”②。

第三，文学艺术的美学研究不断加强，门类艺术美学研究成果不断涌现。

四、当代美学问题审理

《西方美学与中国新时期文艺思想（与博士研究生张德兴的一次对话）》（1988 年），属于当下视野下的思考。对西方美学与中国文艺思想的关系，蒋孔阳做了辩证的思考。他认为“在西方美学的影响下，这几年，我们的文艺思想和文学艺术确实有了重大的发展”，但是也出现了很多困难，主要表现为两个方面：第一，“是对西方美学缺乏全面系统的理解”，第二，“我们对西

①《蒋孔阳全集》第三卷，安徽教育出版社 1999 年版，第 717 页。
②《蒋孔阳全集》第三卷，安徽教育出版社 1999 年版，第 718 页。

方的开放还来不及和我们传统与现实生活相协调相结合”。[①]

就第一个问题而言，有四个表现：第一，好坏不辨，对西方美学缺乏辨析能力，一流的和三流的都当成宝贝。第二，没有历史意识，将西方19世纪、20世纪的美学进行共时看待，以为都是新的，殊不知它们也是经过历史发展而来的，有新旧区别。第三，缺乏头绪，这么漫长的西方美学进入中国之后，人们往往是看到局部，看不到整体，拣了芝麻丢了西瓜。第四，注重技巧，看不到社会基础。移植西方的技巧但缺乏相应的社会基础，人们接受起来也很困难，脱离中国实际。概括来说，这四个表现是对西方美学缺乏整体性、历史性了解所带来的恶果，只有西学之“经”，没有西学之“史”。“正确的接受，来自于正确的理解。”因此，下一步的工作就是“进一步开放，大量引进西方的美学，进行系统的分析和研究”[②]。虽然经过了二十多年，蒋孔阳先生的建议仍然是有现实意义的。因为面对西方近代美学两三百年的历史，二三十年是无法了解透彻、研究充分的。

就第二个问题而言，蒋孔阳先生首先对“开放”这一概念做了深入的思考。当时提出的是“对外开放”，但是，开放“不仅仅是对西方的开放，还应当是对我国的传统和我国的现实生活的开放”[③]。对外开放我们已经耳熟能详，但对内开放和对现实开放还很少有人讨论。其实，如果不对传统开放、不对现实开放，仅仅是对外开放，也依然无法解决西方与中国现实相结合的问题。十年“文革”时期，对传统是不开放的，只能用儒法斗争来写历史，古人也被生硬地分成儒家或是法家。当我们既对外开放，又对传统开放和对现实开放的时候，才能产生“学贯中西、涵盖古今”的思想学术。联系当时的

---

①《蒋孔阳全集》第四卷，安徽教育出版社1999年版，第71页。
②《蒋孔阳全集》第四卷，安徽教育出版社1999年版，第73页。
③《蒋孔阳全集》第四卷，安徽教育出版社1999年版，第73页。

实际,对内开放尤为重要,有利于对传统的认同和了解。对现实开放主要是就文艺创作而言的。在“文革”时期,现实也不是开放的,而是封闭的,被窄化的。对现实开放就是“可以自由地、真实地描写现实生活,自由地并负责任地发表他们对于现实生活的意见”[①]。联系到当时的实际,对现实开放仍然是非常迫切的,当时尽管已经改革开放,但“创作禁区”仍然是大量存在的,如这个不能写,那个不能写。其实,凡是生活,都可以写,关键在于表现生活本身所蕴含的意义和价值。哪里有生活,哪里就有创作。

最后,无论是对西方的整体性认识,还是中西的结合,都离不开一个重要的问题,这就是“主体性”。主体性在很长时间是被批判的,这是因为中国的文艺思想严重背离了马克思主义的“主观能动反映的原则”[②]。在机械反映论的支配下,排斥和抹煞主体性,其后果就是,“只重技巧,不重心灵”,模仿了一些西方的技巧,但却写不出好的作品,因为“技巧要通过作家的心灵才能发挥作用”,缺乏主体性的投入,技巧只能成为表现的东西。此外,缺乏主体性还导致文艺创作和欣赏不能达到较高的境界,会“把庸俗当作高尚”[③]。比如性的问题,本来是一个很严肃的话题,可到了中国却成为噱头、吸引眼球的东西,无法从性本身观照人性。可见主体性无论是对文艺还是美学,都是很重要的。所谓主体性不是别的,就是“人的主观能动性,强调人的自由、人的尊严,主张个性解放”[④]。有了主体性,也就有了立场、身份、精神、灵魂,才不会在文艺活动中丧失自我。后来蒋孔阳又在《主体意识和社会责任感》(1990年)一文中再次强调,“没有主体意识的社会责任感,只能

①《蒋孔阳全集》第四卷,安徽教育出版社1999年版,第76页。
②《蒋孔阳全集》第四卷,安徽教育出版社1999年版,第77页。
③《蒋孔阳全集》第四卷,安徽教育出版社1999年版,第78页。
④《蒋孔阳全集》第四卷,安徽教育出版社1999年版,第77页。

是随风而起、随风而倒的风派,他本身的立场观点都没建立起来,又怎么能够担负起社会的责任呢?”[①]主体性不是空的主体性,而是与社会责任感密切相连的。这样的主体性才是既有个体精神又有现实精神的主体性,也才是真正的主体性。

《80年代的“美学热”》(1990年)是对20世纪80年代美学的一个思考。这一思考因所处的时代比较靠后,所以谈论起来也较为宏观、全面。在这篇文章里,蒋孔阳首先将中国当代美学研究(新中国成立以来的美学研究)划分为三个阶段:一是“十七年”时期,二是“文革”时期,三是新时期。三个时期中新时期美学研究成就最高,“标志着我国美学研究的高峰”。[②]

关于80年代美学研究繁荣的原因,蒋孔阳认为,第一是80年代以经济建设为中心,美学研究去政治化;第二是80年代的思想解放,“左”倾教条主义得以肃清;第三是80年代改革开放,西方美学涌入,美学研究呈现“群莺乱飞、繁花盛开的局面”。[③] 这三点大体可以概括为社会基础(经济建设)、思想氛围(思想解放)与文化语境(中外文化交流),三者共同促进了美学在80年代的繁荣。80年代美学热主要表现在四个方面:

第一是“手稿热”,即对《手稿》的研究。《手稿》研究直接推动了对美学本质问题(美的规律、劳动、异化、自然美等)的研究的深入。

第二是“方法论热”。19世纪以来,西方美学中的科学主义、实证主义、直觉主义、结构主义、俄国形式主义、英美新批评、符号主义、现象学、解释学、接受美学、解构主义等进入中国,“在这些新方法的引进和鼓动下,我国80年代的美学讨论进入了前所未有的高潮”,并且因其影响的深入和广泛,

①《蒋孔阳全集》第四卷,安徽教育出版社1999年版,第16页。
②《蒋孔阳全集》第三卷,安徽教育出版社1999年版,第511页。
③《蒋孔阳全集》第三卷,安徽教育出版社1999年版,第511页。

“根本改变了我国美学研究的面貌”。[1] 对于方法论热，蒋孔阳做了比较宽泛的理解，其实上述美学流派其内容并不止于方法，甚至其本身就是哲学，如现象学。

第三是“心理学热”。蒋孔阳将其单独列出来主要是考虑到它的影响。西方的实验心理学、精神分析学、格式塔心理学影响较大，对中国的文艺心理学研究起了重大的推动作用。

第四是“应用美学热”，这是美学走向实际、实践的表现。应用美学主要内容包括三个方面：一是生活美学研究，诸如对生产美学、劳动美学、技术美学等的研究；二是美育研究，就是美感教育研究；三是门类艺术美学研究，如音乐美学研究、建筑美学研究等。严格意义上的应用美学研究仅指第一个方面，而美育和门类艺术美学研究是不能划入应用美学领域的。但如果从理论和实践的角度来说，蒋孔阳的划分也有合理之处。

80 年代美学热能否继续繁荣呢？对这样一个疑问，蒋孔阳直言不讳地谈论了三点问题：第一，这是学术发展的规律所决定的，如果处于非常好的研究时期，这就是“高原期”，而如果想再做进一步的推进，则很难。第二，“在经济热的大潮中，出现了一种轻理论、重实用的倾向”[2]。“重实用”有其合理性，但不利于美学走向深入，只有等经济热达到一定阶段，理论兴趣才可能重新被唤醒。第三，美学研究本身所存在的问题，主要有四点：

一是“派性”。中国当代美学的学派导源于 20 世纪 50 年代，但它留下了后遗症。蒋孔阳并非反对学派，而是强调“学派学派，应当以学为主，而不应当以派为主”[3]。如果以派为主就会导致以下问题：其一，将 80 年代的美

---

①《蒋孔阳全集》第三卷，安徽教育出版社 1999 年版，第 513 页。
②《蒋孔阳全集》第三卷，安徽教育出版社 1999 年版，第 514 页。
③《蒋孔阳全集》第三卷，安徽教育出版社 1999 年版，第 515 页。

学生硬地纳入50年代的体系(四派)当中,继续使用50年代的美学格局来框架80年代。其二,容易导致学派之间的对立。实际上学派之间、学派内部往往是相通的,而非截然对立的。“学问以追求真理为目标,而不是以成派为目标。”[①]其三,容易产生门户之见。所谓门户之见是说,你是本门派的学者,在写作美学史的时候就会有门户之见,甚至特意夸大本派而贬低他派,这是不符合学术精神的。真正的学术史研究是要超越门户之见的。蒋孔阳的集大成之作《美学新论》就没有明显流派偏见。他在《我写〈美学新论〉》(1995年)一文中提倡,面对学术问题,“应当做加法,不应当做减法”,应该“把各种不同的意见,加起来,融会贯通”[②]。他的“美在创造”是“一种时空复合的结构,一种多层累的突创,一种处于不断创造的开放系统”,从而将很多并行不悖的观点纳入进来,而不是一味批判否定。这种宽广的学术胸怀和视野是值得尊敬提倡的。

二是“泛化”。所谓泛化指的是美学研究对象不顾实际地肆意夸大,“在通俗化和普及化的名义下,任意扩大美学的研究范围,结果使美学庸俗化,失去了它应有的尊严”[③]。这种泛化的美学并非等同于应用美学(蒋孔阳意义上的应用美学是生活美学、美育、艺术美学),应用美学还在探讨美学的一般原理或问题,而泛化的美学几乎不探讨什么美学问题。美学不能泛化到研究厕所,如果将美学这个词随意冠在某个事物上,那也就等于取消了美学。“美学始终是一门严肃的理论科学,它与哲学密切不可分,我们应当从哲学的高度来要求美学,而不应当把商业化了的泛化了的美学,当成美

---

①《蒋孔阳全集》第三卷,安徽教育出版社1999年版,第515页。
②《蒋孔阳全集》第五卷,安徽教育出版社2005年版,第655页。
③《蒋孔阳全集》第三卷,安徽教育出版社1999年版,第515页。

学。"[①]蒋孔阳在此后不久对"泛化"还有一个说明,"我所说的'泛化'与美学无关,如烹饪美学、厕所美学,谈不出美学道理,可以说是庸俗化"[②]。泛化的问题在于"谈不出美学道理",是"庸俗化"的美学。这一点直指美学实用化、商品化的弊端,是非常有针对性的,对新世纪以来的美学研究也有警示意义。

三是"僵化"。僵化有两个表现:一是"不知变",用静止的观点看待事物;二是"不知实事求是",只唯上不唯实。所谓实事求是就是"根据马克思主义具体问题具体分析的原则,对各种美学问题作出具体的研究"[③]。实事求是就是要将问题放置到历史场景中去,而不是将其抽象化、符号化、空洞化。比如有些概念,必须还原到历史现场才可以知道它的真实内涵,而不是望文生义,抽象、空洞地谈论。

四是"自由化"。自由化与僵化相反,这主要针对当代中国美学不顾国情而盲目引进西方这一问题来说的。自由化的美学态度一是导致盲目,缺乏严谨的判断力,什么都引进;二是导致文风上的混乱,欧化现象严重,晦涩难懂;三是导致对传统的忽视,"失去了传统,将要变成没有根基的美学,这是十分可怕的"[④]。

在《80 年代的"美学热"》中,蒋孔阳对中国当代美学的探讨是充满忧思的,这大概由于写作时间是在 90 年代之故。他非常严厉地提出了当前美学研究的四种倾向,每一种倾向都有鲜明的针对性。蒋孔阳始终保持着一位严谨的马克思主义学者的思想立场,坚持美学研究的学术自觉(反派性)、哲

①《蒋孔阳全集》第三卷,安徽教育出版社 1999 年版,第 516 页。
②《蒋孔阳全集》第五卷,安徽教育出版社 2005 年版,第 604 页。
③《蒋孔阳全集》第三卷,安徽教育出版社 1999 年版,第 516 页。
④《蒋孔阳全集》第三卷,安徽教育出版社 1999 年版,第 517 页。

学品味(反泛化)、求实精神(反僵化)和中国立场(反自由化),这是令人钦佩的,并且在当时也产生了积极影响。郑元者认为这些问题"引起学界的广泛关注,一时间,美学的'泛化'等问题吸引了诸多学者的注意力"①。

>>20 世纪 90 年代初的蒋孔阳先生

蒋孔阳对中国美学史的思考表现出了敏锐的问题意识和深厚的忧患意识,他总是既能看到成绩,又能敏锐地觉察到问题。他提出的当代美学四大"症候"具有现实意义。可以说,如果不克服上述四大症候,美学要取得繁荣,是不可想象的。

进入 20 世纪 90 年代,中国迎来了市场经济的深入发展,美学研究的时代环境发生了重大变化。蒋孔阳对此问题也发表了自己的看法。他认为市场经济时代的美学应该坚持其精神高度。《美学的转变与守恒》(1993 年)是一篇短文,虽然很短,但提出的问题很尖锐、深刻。90 年代初,市场经济大潮涌动大江南北,面对这一情况,美学家该如何? 蒋孔阳不无调侃地说,第一类人是"下海",不做美学家,做商人,赚大钱。对这一批人,蒋孔阳表达了"祝福"。第二类人是超然物外,无视商品经济。但在"万物涨价,只有文章不值钱"的时代,超然就可以了吗? 为此蒋孔阳提出两点,一是提高稿费,二是美学商品化。对这两点,蒋孔阳表面

①《蒋孔阳全集》第五卷,安徽教育出版社 2005 年版,第 858 页。

上不反对，实际上是不满意的。

在蒋孔阳看来，美学作为一门理论科学，“最主要的还应当在于它保证了市场经济中社会主义的审美趣味和审美方向”①。蒋孔阳已经非常清楚地看到商品经济对社会主义审美趣味和审美方向的消极影响。美学可以放下身段“下海”，可以忸忸怩怩地商品化，但其最高理想却不是这样的。美学研究的最高理想就是提升审美趣味，这才是美学研究的努力方向。联想当前提出的社会主义核心价值体系建设，就可以体会到蒋孔阳始终坚持美学的正面价值，始终坚持美对人的自我超越的重大意义这一良苦用心。他认为，美学不能一味走在商品、消费的迷途上而不知返。这一点与《80 年代的“美学热”》中提到的“泛化”有密切的联系；除此之外还体现了蒋孔阳对主流价值和社会主义正面价值的坚守，尤其表现了马克思主义知识分子的哲学意识和价值意识。

提升整个社会的审美趣味、坚持美学的社会责任是蒋孔阳一以贯之的看法。早在 1982 年的《美学与社会主义精神文明建设》一文中，蒋孔阳就认为，美学是“精神文明建设中的一个重要环节”②。美学的更重要的任务是“去开拓新的人生价值，去树立新的美学理想”③。八年后，在《美学陷入“危机”了吗？——蒋孔阳教授、朱立元副教授及研究生田佳友三人谈》(1990年)中，蒋孔阳认为，如果从时尚兴趣角度来说，美学的确是有危机的，美学不再如 80 年代那样令人瞩目了；但是从知识兴趣来说，美学又并非没有发展，有些人开始真正关注美学问题，大家各自做各自的学问，“自成体系”，“这是美学繁荣的气氛”，而非危机。但蒋孔阳并不止于知识兴趣，在他看

①《蒋孔阳全集》第三卷，安徽教育出版社 1999 年版，第 722 页。
②《蒋孔阳全集》第五卷，安徽教育出版社 2005 年版，第 562 页。
③《蒋孔阳全集》第五卷，安徽教育出版社 2005 年版，第 563 页。

来，更重要的在于“精神文明建设”[①]。他举例说，“后现代”在80年代进入中国后，一些美学家热衷于讨论后现代艺术（诸如流行艺术、通俗艺术），这些现象可以研究，但不是重点。虽然市场经济社会出现了新的现象，通俗化、大众化的东西未尝不可研究，但“应该在高精尖指导之下”，并且“现在高精尖、纯理论的东西不是太多，而是太少”，“美学不在于技法，而在于精神。由于精神文明没抓好，人们在精神上缺乏向心力和凝聚力，也缺乏统一感。美学应该努力改进人们的精神面貌，既要从高精尖的角度研究，又要贯彻到大众生活中去”。[②] 这些看法都颇有见地，富有哲学气质。

在《立足于高标准 反对平庸——美学和文艺创作的下一步目标（与博士研究生郑元者的一次对话）》（1993年）里，蒋孔阳再次强调，“美学从精神方面来说，却具有功利性，即深沉的社会责任感这样的现实性。美学的目的就是培养人，发展人，使人站得更高，从比现实更高的地方发展人”，“美学是精神文明的中心骨干”[③]。这些看法朴实无华，充满知识分子的责任感，并且非常具有现实的针对性。

美学终归是具有哲学品味和现实精神的学科，是提升审美趣味和构建审美理想的，终归是对社会现实生活有益的。联系新世纪中国的精神、价值、文化状况，难道不应该进行美学研究和美育研究吗？如果放弃了美学的这一根本任务，一味探讨什么肤浅的时尚课题、庸俗课题，那只会与美学精神渐行渐远。

---

①《蒋孔阳全集》第五卷，安徽教育出版社2005年版，第605页。
②《蒋孔阳全集》第五卷，安徽教育出版社2005年版，第605页。
③《蒋孔阳全集》第四卷，安徽教育出版社1999年版，第67页。

五、中国美学未来展望

蒋孔阳不仅着眼于美学史研究，而且注重对未来美学的展望，使美学研究更加具有现实性和针对性，也体现了老一代学者的学术责任感和使命感。关于未来中国美学，蒋孔阳先后做过四次集中的讨论：

第一次是在《建国以来我国关于美学问题的讨论》(1979 年)一文中，蒋孔阳对新时期美学研究做了展望，提出了若干切实可行的研究方向：

第一，“认真地深入而又扎实地学习马列主义的经典著作，彻底地把一些基本的理论问题搞清楚”。这一点大概是鉴于“十七年”时期对马列主义研究不够深入的情况而说的，80 年代对马克思《手稿》的研究可以视为对这一方向的一个实践。在这方面，蒋孔阳不但自己深入钻研《手稿》，还撰写《美学新论》，可谓是对这一原则的集中实践。

第二，“有系统地整理中国古代的美学思想和有系统地介绍西方的美学名著，写出基本像样的《中国美学史》和《西方美学史》，把美学研究的基本建设搞好”。这是蒋孔阳对中西美学的重视，首次提出要写《中国美学史》《西方美学史》。80 年代，李泽厚、叶朗在《中国美学史》写作方面做了卓越的开拓，而蒋孔阳也有写作《中国美学史》的构想，但最终未能完成。在《西方美学史》方面，90 年代，蒋孔阳与朱立元等主编了《西方美学通史》，可以视为对《西方美学史》写作任务的一个落实。

第三，“对中外的艺术史和当前的艺术实践以及生活中的审美实践，作出一些比较有深度、有广度的研究”。这一点表现了蒋孔阳对艺术问题的高度重视，强调美学研究与文艺研究并重。蒋孔阳的唐诗美学、中国绘画美学研究都可以视为在这方面的实践。

可以说，蒋孔阳提出的三点意见，即兼顾马克思主义美学原理研究、中外(西)美学史研究、艺术史和艺术美学研究，这是非常有针对性，也是切实可行的，对以后中国当代美学的发展也具有启发意义。

>>20 世纪 90 年代中期的蒋孔阳先生

第二次是在《对近年来我国美学研究工作的一些想法》(1984 年)中，在谈到对未来美学研究的设想时，蒋孔阳提出三点建议：

第一点是“增强我们学术上的民主作风和气派”。这是针对那种“唯我独尊”“霸权主义”学风而言的。蒋孔阳认为，“只有尊重旁人，相互促进，社会主义的美学春天，才会更加灿烂辉煌”①。在新世纪的多元时代，尤其应该提倡这种相互尊重与相互促进的学风。

第二点是实事求是，具体说就是“尽可能地不发表没有根据的言论”，“尽可能地不发表违心的言论”②。这两点大体是鉴于“文革”时期以及“十七年”时期的不良文风而提出的，是非常有针对性的。这一点蒋孔阳在《实事求是地开创美学研究的新局面》一文中有说明。他认为，有些人不那么实事求是，“他们研究问题，不查原始资料；他们参与讨论，不看各家文章；他们批评旁人，不知道旁人讲的究竟是什么东西；甚至他们著文推荐旁人的著

①《蒋孔阳全集》第三卷，安徽教育出版社 1999 年版，第 719 页。
②《蒋孔阳全集》第三卷，安徽教育出版社 1999 年版，第 720 页。

作,连旁人的著作都不看,只是根据道听途说,就胡乱吹捧几句"[1]。这些问题虽然指的是80年代,其实,当代也依然存在,值得反省。

第三点是美学研究"要把民族化与现代化统一起来,在比较中西美学的基础上,建立具有中国特色而又是现代化的美学体系"[2]。80年代的美学思潮是"重西轻中""重现代轻传统",蒋孔阳则强调二者的融合,尤其是不脱离中国美学史传统与当代社会实际,这是非常有见地的。他尤其对宗白华的《美学散步》给予充分的肯定,指明其方向的正确性,但同时认为还应进一步深入。

如果将取得成绩和未来展望放在一起,可以看出,马克思主义美学原理研究、中外美学史研究、文艺美学研究、民族化与现代化的统一,这四个方面基本可以视为蒋孔阳当代美学研究所确立的"四条原则",对当代美学研究而言是不可多得的理论总结。

第三次是在《西方文化冲击下的中国现代美学》(1989年)中,面对美学的第二次繁荣期,蒋孔阳提出了自己的思考:第一,接受西方美学要进行整体性的思考,要有史的维度,要"以我为中心",体现了鲜明的中国立场和中国气象。第二,反对中西二元对立,既接受西方,又坚持继承和发扬传统。第三,指出中国现代美学发展的三条道路:一是引进,二是融合,三是创新。三条路都要走,而不是相互指责。第四,注重美学发展的过程,而非目的,对于未来的设想不必苛求,而是要勇于"接受挑战",这也是中国现代美学的"唯一的出路"。[3] 这四点建议是切实可行的,也是有现实意义的。

第四次,也是最后一次,是在《建立具有中国特色的文艺理论》(1995

---

①《蒋孔阳全集》第五卷,安徽教育出版社2005年版,第566—567页。
②《蒋孔阳全集》第三卷,安徽教育出版社1999年版,第720页。
③《蒋孔阳全集》第三卷,安徽教育出版社1999年版,第509页。

年）中，蒋孔阳专门讨论文艺理论的道路问题。这一年，蒋孔阳 73 岁。

蒋孔阳首先指出中国的文艺理论要走“古今中外的路”①。所谓古今中外就是“现代化”与“民族化”的结合。这是对《对近年来我国美学研究工作的一些想法》一文的强化和进一步思考。那么，“古今中外的路”，或者现代化与民族化统一的路该如何走呢？蒋孔阳从三个方面加以讨论：

第一，什么是中国特色？蒋孔阳认为对中国特色不能做固定化的理解，不能仅仅认为古代的就是特色，而现代的没有特色。所谓中国特色，就是把好的东西充实到我们的特色里去，形成“我们民族新的内容和新的特色”②。中国特色是发展的特色，而不是凝固的特色。

第二，对传统要加以发扬。发扬什么传统呢？蒋孔阳提出中国传统的“三重”，即重情、重文、重玄。所谓重情，一是指感情体验，二是指人情味、人情世故。所谓重文，一是文采，形式美；二是审美精神，精神美。所谓重玄，是指道家，一是注重哲理，即玄思；二是注重玄远，即言近旨远、超以象外之意。这说明中国传统文艺理论有它的长处，应该发扬光大。这三点概括是很到位的，很少见到有学者这样全面地讨论过。

第三，要注重比较研究。这个比较研究不限于中国所做的比较研究，还包括西方学者所做的比较研究。尤其是后者，更值得注意。我们熟悉的东西，或许还看不出明显的差异，但是对于西方人（如哈·奥斯本《美学与艺术理论》），他们认为中国很多地方与西方有差异，有时候他们比我们看得更透彻。

这篇文章影响较为广泛，一是它发表的级别很高（《人民日报》），二是当

①《蒋孔阳全集》第四卷，安徽教育出版社 1999 年版，第 713 页。
②《蒋孔阳全集》第四卷，安徽教育出版社 1999 年版，第 715 页。

时它被《新华文摘》、人大复印资料《文艺理论》等重要刊物转载。从内容上说，这篇文章也很重要，一是它提出的问题很有针对性，在回顾20世纪西方化的中国美学史中展望21世纪中国美学史；二是作者对它的重视，在《蒋孔阳自选集：美的规律》中，特意收录此文作为压轴。

可以说，蒋孔阳以其深厚的学养，提出马克思主义美学、中外美学史、文艺美学、传统与现代结合的治学原则，这是非常有价值的，这其实也是蒋孔阳先生一生美学实践的总结。比如对马克思主义美学主导地位的坚持，马克思主义的唯物主义与辩证法始终是蒋孔阳治学的最大法宝。比如对中国美学和西方美学研究要深入到史的深度，而不是浮光掠影。难能可贵的是，他高屋建瓴地提出中国特色美学的观念、方法与实践，从理论方面进一步落实了他倡导的“美在创造中”，使“美在创造中”转变为“理论在创造中”。

总之，蒋孔阳所设想的《中国美学史》尽管没有写成，已发表的论著在有些地方还来不及做深入思考，但他作为一位马克思主义美学家，坚持中国立场，表现出鲜明的问题意识和深刻的忧患意识，则是我们永远应该记取的。

第六章　守正创新

在人生的旅途上，
每个人都在塑造自己的形象。
形象美不美？全看他生活得怎么样。

艺术家为了创造美，
经常在自我焚烧。他用女娲造人的土，
投进生活的熔炉。
掌握必然的规律，
升向自由的领域。
点燃生命的火，
热血绘彩图。
都说作者痴，哪知作者苦？

葡萄不是美酒，
但美酒却由葡萄酿造。
美不等于生活，
但美却在生活中创造。
不是每个人都充满了对美的渴望，

我们每天都在开拓新的生活。
我们每天都在塑造美的形象。
但愿与美同在：
健康、幸福而高尚。

——《美学新论·题辞》

>>1993 年的蒋孔阳先生

这是蒋孔阳于 1992 年，时年 70 岁，完成《美学新论》之后，抑制不住内心的激动而写的题辞。题辞本身也许并没有太多诗意，但它却全面呈现了蒋孔阳对美的思考。只是，这种思考从 20 世纪 50 年代的涓涓细流发展到 80 年代的独树一帜，经历了不少的波折。按照历史的脉络和思想的实际，作为美学理论家的蒋孔阳出现在 20 世纪 80 年代，并最终在 90 年代得以确立其在美学界的学术地位，其代表作正是《美学新论》。蒋孔阳坚持中国立场和学术创新精神，融个人体验，纳百家之长，守正脉，创新说，真正建立了一种属于蒋孔阳的美学理论。

一、美学基本视域开显

任何一位美学家都无法回避“什么是美学”这一根本问题。对此，蒋孔阳从出发点、范围、对象、方法、任务等五个方面加以审理。蒋孔阳也由此系统地提出了自己的美学观。

长期以来，中国美学界围绕“美的本质”问题展开讨论，曾形成了“美在客观”“美在主观”“美在主客观统一”“美在社会性与客观性统一”四种主张，虽争议不断，但归根结底，都是一种追根溯源式的实体化回答①。蒋孔阳的思维方法独树一帜，注重生成性思维。在《美学新论》中，蒋孔阳开篇就指出：“人对现实的审美关系，是美学研究的出发点。美学研究中的一切问题，都应当放在人对现实的审美关系当中，来加以考察。”②这有别于一般美学理论对美学的介绍，而是非常注重理论的逻辑性。

在“人对现实的审美关系”中，人是主体，现实是客体，审美关系是主体客体之间的连接点。关于人，蒋孔阳依照马克思的将人放置在社会关系中加以思考的思路，认为人与现实的审美关系是社会诸种关系之一种。社会关系的构成并不是随意的，而是“以人的需要为轴心，以人的实践为动力，以物的性质和特性为对象”③。就审美关系而言，需要就变成了审美需要，实践就变成了审美实践，物就变成了艺术（也包括自然美和社会美）。审美需要

①董馨：《“什么是美？”：超越的美论》，载《广东社会科学》2007 年第 2 期。

②《蒋孔阳全集》第三卷，安徽教育出版社 1999 年版，第 3 页。

③《蒋孔阳全集》第三卷，安徽教育出版社 1999 年版，第 7 页。

的出现是劳动的结果,劳动使得目的性、创造性得以发生发展,而目的性和创造性正是艺术最核心的两个要素,使它区别于功利性、科学性的劳动,而成为审美性的劳动。审美实践也是经由劳动实践而出现的,包括人的审美器官、审美能力的形成。审美关系中的人不是天然的、抽象的,也是劳动的结果,它包括自然性与物质性、社会性与精神性以及历史性,是一个综合体。同样,作为客体的现实也包括多个层面,即自然界、器物、社会文化现象、精神产品等。因此,无论是客体的现实和主体的人,在历史上都发生着密切的联系。就二者的审美关系而言,蒋孔阳认为,审美关系有四个方面的特征:一是审美关系的建立有赖于人的感觉器官,二是审美关系是自由的,三是审美关系是整体性的,四是审美关系在性质上是一种感情关系。概括而言,感受性、自由、整体性、情感就是审美关系的特点。这些特点不独属于人,也不独属于现实,而是二者的融合。

关于美学研究的范围,蒋孔阳在《美学研究的对象、范围和任务》中指出,美学研究的范围大致包括四个方面:一是美学的一般理论,如美的本质、美感、美学范畴、审美教育等;二是美学史,如中国美学史、外国美学史等;三是艺术的哲学基础与理论体系,如文学美学思想等;四是艺术创作与欣赏的美学理论,如艺术心理学等①。这四个方面,蒋孔阳在一生的学术研究中均有涉及,体现了其"致广大"的思想特性。在《美学新论》中主要涉及的是第一个方面。

关于美学研究的对象,蒋孔阳结合中国当代美学史,从反思者的角度加以分析。就"美学是研究美"的这一观点而言,其弊端有可能是将现实美凌驾于艺术美之上,从而导致庸俗主义、虚无主义,这说明研究美而一味偏离

①《蒋孔阳全集》第三卷,安徽教育出版社1999年版,第590—591页。

艺术是有危险的。就“美学是研究艺术的”这一观点而言,其弊端是将美学降低为一般的艺术理论,上升不到哲学层次,并且将美学局限于艺术又会忽视一些非艺术的美。就“美学是研究人类的审美意识或审美经验”的这一观点而言,蒋孔阳认为一味(或孤立地)研究审美意识或审美经验有走向心理学或主观主义的危险。就美学是“研究人对现实的审美关系的”这一观点而言,蒋孔阳认为这一观点抓住了关键,但是容易将哲学问题与美学问题混淆,看不出二者的区别,容易忽视美学研究对象的特殊性,并且容易导致对审美关系的过分看重而忽视了对审美现象的关注。综合上述四点看法,蒋孔阳提出了自己的看法,即“美学应当以艺术作为主要对象,通过艺术来研究人对现实的审美关系,通过艺术来研究人类的审美意识和美感经验,通过艺术来研究各种形态和各种范畴的美”①。这一定义除了揭示美学研究的基本内容,即艺术、审美关系、审美经验、审美范畴等外,还具有很大的包容性和很强的可操作性:一是将艺术和美综合起来、把审美关系和审美经验综合起来,双方不是相互割裂,自说自话。二是将艺术视为美学研究的主要对象,这从对象的稳定性角

>>《美学新论》书影

①《蒋孔阳全集》第三卷,安徽教育出版社 1999 年版,第 40 页。

度来说是适宜的;从涵括力上说,又指出艺术并非美学研究的唯一对象;此外,这里的艺术也是从历史性角度加以理解的艺术,是 arts。三是将艺术视为美学研究的主要对象可以防止美学研究的泛化,同时又可以将其他审美现象纳入其中,从而使美学更为完备周详。可以说,蒋孔阳在研究方法上从来不是独断论的,而是综合各家之长提出一个新方案,因而更具有包容性。

蒋孔阳对美学研究的方法论探讨也很有理论性。他认为方法包括三个方面:一是主观的能力,就是一个人的实践能力;二是客观的规律,就是要按照世界本身的客观规律来创造,不能闭门造车,闭目塞听;三是工具和手段,是方法的具体落实。三者统一才可以讨论方法。蒋孔阳具体讨论的方法主要有四种:第一种是哲学方法,"以哲学的眼光,来思考美和艺术,来审视人生的审美活动和审美经验,从而思考和审视人生本身的价值和意义"[①]。第二种是艺术学方法,就是要懂艺术,有艺术史知识,有艺术鉴赏力,乃至有一定的艺术创作经验。第三种是心理学方法,这对审美经验研究而言尤为重要。第四种是自然科学方法,如数学等。其他还有人类学、发生学方法等等。这么多方法是否过滥呢?蒋孔阳认为,美学研究的方法论要多样化,但多样化不是杂乱化,而是根据实际情况确定一条切实可行的方法。这条切实可行的方法蒋孔阳认为有三个特征:一是综合比较,取长补短,综合创新;二是考据求实,防止浮夸虚伪,加强实证研究,从具体事实出发,注重起源和过程研究;三是唯物辩证法,就是尊重事实(物),强调辩证(对立统一、多样统一与永恒发展),尊重历史,不隔断历史,同时又温故知新。唯物、辩证、历史构成了唯物辩证法的基本特征,因此蒋孔阳认为这一方法是"迄今为止最

---

①《蒋孔阳全集》第三卷,安徽教育出版社 1999 年版,第 46 页。

好的一种研究方法”[①]。遵从这一方法，美学研究一是可以“尊重客观事实，能够理论联系实际，不瞎说乱吹”；二是“能够在多方面的联系中，兼收并蓄，兼容并包”；三是“不满足于已有的结论”[②]。显然，唯物辩证法不是一般的方法，而是某种具有根本性的方法论观（类似于世界观）。蒋孔阳在自己的美学史研究中也是自觉践行这一方法的。

关于美学研究的任务，蒋孔阳认为有两点：一是“为了更好地发扬艺术的美学特征”[③]。艺术难道不是具有美学特征的吗？如果回到1979年的学术语境，这一看法是极具前沿性的。在之前，看重的并不是艺术的美学特征，而是政治性、功利性、认识性等特征，因而创造的艺术形象就缺乏美感。二是从事艺术的审美教育，使人们树立正确的审美观点，养成健康的审美趣味，从而使人们懂得人生的价值和意义，充分地发挥“人之为人的本质力量”[④]。如果说第一点是美学的基本任务的话，那么第二点就是美学的终极任务，对美学研究具有重要的导向性意义。从这一点来说，20世纪80年代文艺研究的审美转向就不能止于审美本身，而应进阶至对人本身的关注，由此才算真正意义上的审美转向。然而在这一领域，90年代以后的文艺研究显然并没有加以充分的关注，而把时间和精力用在消费主义、文化研究上了。

二、马克思主义美学观

《美学新论》第二编主要探讨的是美的本质问题。蒋孔阳不是抽象地探

---

①《蒋孔阳全集》第三卷，安徽教育出版社1999年版，第53页。

②《蒋孔阳全集》第三卷，安徽教育出版社1999年版，第55页。

③《蒋孔阳全集》第三卷，安徽教育出版社1999年版，第591页。

④《蒋孔阳全集》第三卷，安徽教育出版社1999年版，第592页。

讨,而是将美的本质问题放置在广阔的历史空间之内。在中外美学史长河中,蒋孔阳主要探讨了14种美论。在探讨美论之前,蒋孔阳首先区分了美和美的东西。美不是美的东西,美的东西不具有普遍性,而美是“构成美的东西之所以美的根本性质和普遍规律”①。作为普遍规律的美是随着人类历史的发展而不断深入和丰富的。蒋孔阳从历史角度梳理中外美学史上关于美论的看法,体现了鲜明的历史意识。

从内容上说,这14种美论大体可以划分为两类,前10种(形式、愉快、完满、理念、关系、生活、距离、移情、无意识、否定)为一类,偏重于经验层面,与人的经验存在密切相关。这一类都有优点又有缺点。后4种(创造、人是世界的美、人的本质力量的对象化、自由的形象)为一类,偏重超越层面(人本身),与人的本体存在(价值、意义)密切相关。这一类蒋孔阳主要从正面加以讨论。当然,经验层面和超越层面不能截然相分,只是侧重点不同。偏重经验层面的又分为两类:一类是偏重于艺术(或美的事物)的,如形式、完满、理念、关系、否定等5种;一类是偏重于审美关系(发生主客体关系,以主体为主)的,如愉快、生活、距离、移情、无意识等5种。从历史发展角度来说,大部分美论都产生于文艺复兴以后,或者近代以后,这符合美学史发展的规律,即成体系的美学思想在后来发展更多样、深入、全面。但并不意味着这些美论没有它们久远的历史源头,比如形式主义等。即便是纯粹产生于美学史早期的若干看法在后世也得到不断回响,如柏拉图讨论理念,黑格尔也讨论理念。

在所有美论中,最后四种非常特别:一是“美在创造中”,这是蒋孔阳心仪的看法,可参见《美学新论》第二章第四节“艺术美的创造”部分。二是

①《蒋孔阳全集》第三卷,安徽教育出版社1999年版,第61页。

“人是世界的美”。人是世界的美这一看法只有蒋孔阳讨论过，其实这就是人的美，其来源就是《哈姆雷特》中一句台词——人是“宇宙的精华”，直译为“世界的美”。人的美涉及一个关键的美学问题，就是美是属于自然现象，还是属于社会现象？对此蒋孔阳做了细致的分析。他认为人是世界的美指示了人与美的密切关系，这里的人显然是社会的人，而非动物性的人；就美而言，它是社会现象，而非自然现象。首先，美是一种社会机能，使社会团结并促进人类精神的提高；其二，美要求社会共鸣，与人产生精神交流；其三，美要求社会的解释和评价。这些说明美从根本上说是社会的美，美是一种属人的社会现象。三是“美是人的本质力量的对象化”，这是马克思主义美论，下文将详细讨论。四是“美是自由的形象”。美是自由的形象这一看法说明了美和自由、形象的关系。人会受到多种多样的局限，而人又不断地追求自由，创造自己，于是美和自由就产生了必然联系。蒋孔阳从三个方面来论述美与自由的关系：第一，自古以来美和自由就紧密结合在一起，美的理想就是自由的理想。第二，根据马克思主义的看法，自由就是人类对客观必然规律的认识和掌握，艺术和美也同样如此。第三，在艺术创作领域，自由是美和艺术的根本特征。简言之，“美的理想就是自由的理想，美的规律就是自由的规律，美的内容和形式就是自由的内容和形式”①。这四个命题共同构成了蒋孔阳的美学体系。

第三个命题“美是人的本质力量的对象化”是典型的马克思主义美学观。在《美学新论》特别是第三编中系统展示了蒋孔阳的马克思主义美学体系。

蒋孔阳在《美学新论》的最后一章“马克思主义美学思想体系的建立”

---

①《蒋孔阳全集》第三卷，安徽教育出版社1999年版，第213页。

中,对马克思主义美学体系的建立做了回顾,可以称之为马克思主义美学体系"简史"。他首先否定了两种对待马克思主义美学的错误观点:一是承认马克思主义有美学体系,但却是全面肯定,用静止的、绝对的视角看待这一体系,认为马克思主义的美学体系已经完成;二是全面否定,认为马克思主义没有自己的美学体系,后人也无法建立。蒋孔阳认为马克思主义美学体系不在于专门的著作,而在于哲学思想体系,在这一基础上,可以说马克思主义是有美学体系的。马克思主义美学体系的建立不是说由我们去建立,而是马克思、恩格斯艰难思想探索所体现出来的。西方美学有两次转向:一是从客观到主观,这是康德实现的;二是从主观到客观,这是马克思主义实现的。这里的客观不是事物性的客观,而是社会性的客观,从而确立了美学研究的逻辑起点——"社会化了的人的审美实践活动"①。这一转变的重要文献是《手稿》。前面提到,蒋孔阳对马克思主义美学的讨论主要依据的就是该书。蒋孔阳认为马克思在《手稿》中系统探讨了人类劳动的本质和价值,从而也确立了人的本质和价值,即人是"自然和人的统一,是感性和理性的统一,是个性与社会规范的统一",马克思主义的美学思想体系就建立在"这种全面的完整的人的身上"②。在这一逻辑基点上,马克思主义展开了它的美学体系,形成了"劳动创造了美""人也按照美的规律来塑造""美是人的本质力量的对象化"等观点。蒋孔阳也正是依照这一思路来展开他的马克思主义美学观的。

《美是人的本质力量的对象化》是成型的论文,承第二编"人是世界的美",指出美离不开人这一重要事实。在本章里,蒋孔阳论述了美的本质离

①《蒋孔阳全集》第三卷,安徽教育出版社1999年版,第521页。
②《蒋孔阳全集》第三卷,安徽教育出版社1999年版,第521页。

不开人的本质。对人的本质的理解有两种思路：一是抽象的思路，即对人的本质从不同概念加以解读；二是实践的思路，即人的本质转化为具体的生命力量。这一具体的生命力量就是“人化的自然”，人的生命力量外化（对象化）为自然（现实）。对象化后的自然（现实）就不再是原来的自然（现实），而是“自由的形象”。因而这一章也启下（即第二编第15章“美是自由的形象”）。在本章中蒋孔阳主要谈论了三个问题：一是人的本质力量，二是自然的人化，三是对象化。蒋孔阳首先回顾了人的本质力量对象化的历程，经由席勒、黑格尔、费尔巴哈直至马克思，最终形成了“以人类劳动实践为中介的、关于人的本质力量对象化的理论”①。关于人的本质力量主要涉及的问题是人的本质是什么。马克思认为人的本质是实践，就是人的感性活动，是将物质性（自然）与精神性（思维、意志、情感）相统一。人的本质力量不是单一的，而是多样的、多层累的；不是固定的，而是发展变化的。在一般生活中，人调动的本质力量是一个方面的；而在审美中，人调动的本质力量是全方位的。关于自然的人化主要有五个方面的情况：一是人直接改造自然，如改天换地等；二是人通过精神改造自然，如自然的人格化；三是自然本身的形式触动人，人面对自然风景而兴发感动等；四是自然属性的层次性、多样性，因而自然人化具有阶段性、差异性、个性等特征；五是存在不能被人化的自然，比如未知的宇宙等，因而也就不能成为人的审美对象。自然人化的关键是人，方向是从人到自然，如果相反，则人的本质力量（自由性、创造性等）就难以体现。自然人化就是人的本质力量进入自然，怎么进入呢？这就涉及对象化问题。对象化就是“在人与自然的关系中，人在自然中选择对象、发现对象，把自己全部生命的本质力量灌注进去，使对象活起来，成为自己

---

①《蒋孔阳全集》第三卷，安徽教育出版社1999年版，第182页。

的自我实现和自我创造”[1]。对象化首先要有对对象的意识和自觉性,并且是有意识地去对象化。其二,对象化要彰显自己的最突出的、理想的本质力量,而不是满足于无法抵达的先天性和随手可及的动物性。其三,对象化就是形象化,通过形象化的方式,主体内在于自然,改造自然,最终形成第二自然,即自由的形象。其四,对象化是双向的,一方面是主体的对象化;另一方面是客体(自然)不断提升主体的对象化能力,主体要有高超的对象化能力就必须深入对象、把握对象。蒋孔阳对“美是人的本质力量的对象化”的阐释是系统性的,从各个方面加以说明,展现了这一学说丰富的内容。蒋孔阳关于美的定义也是从“美是人的本质力量的对象化”这一观点而来。他认为“美的本质就是人的本质力量的对象化,就是一种充满了生命的形象,就是一种随着社会历史的发展而发展的客观社会现象”,四者(人的本质、对象化、形象、发展)的有机统一就是美[2]。不过这还不是蒋孔阳最成熟的看法,在《我写〈美学新论〉》(1995 年)一文中,蒋孔阳将美界定为四个方面,即美在创造中、人是世界的美、美是人的本质力量的对象化、美是自由的形象[3]。应该说这四点的统一就是蒋孔阳对美的界定,也是他最后的界定。

如果第二编涉及马克思主义美学的内容主要讨论美的本质问题,第三编“美的规律”则是对这一问题的进一步深化。实际上,第三编也是承第二编而来的,因为美是人的本质力量的对象化归根到底还是人“按照美的规律”进行对象化。第三编的内容主要探讨的就是如何对象化的问题。这一部分也构成了蒋孔阳马克思主义美学的重要内容。第三编中的四章收入了同名著作《美的规律》一书,并作为第一板块,可见作者对它的重视程度。蒋

①《蒋孔阳全集》第三卷,安徽教育出版社 1999 年版,第 195 页。
②《蒋孔阳全集》第三卷,安徽教育出版社 1999 年版,第 653 页。
③《蒋孔阳全集》第五卷,安徽教育出版社 2005 年版,第 656 页。

孔阳认为，美的规律就是文学艺术的规律，而美的规律又离不开人的劳动，因此人是按照劳动的规律来创造美和艺术的，于是美的规律、艺术的规律和劳动的规律就具有“一致性”①，在本编中蒋孔阳也是结合三者进行讨论的。

第三编中的文字都是以研读《手稿》为基础撰写而成。《手稿》是20世纪80年代美学热中重点讨论的经典文本，具有非常重要的思想意义。

关于美的规律与劳动的关系，蒋孔阳从四个方面来阐释：第一，马克思对美的规律与劳动的关系从主要方面来说，就是美与劳动密切相关，美的规律离不开劳动的规律，谈论美也就不能不谈劳动。第二，劳动使人与世界的关系从实用关系上升到审美关系。第三，人类劳动的自由（创造性）、自觉（目的性）的规律与美的规律密切相关。第四，美的规律涉及劳动的两种尺度，第一种尺度是“任何物种的尺度”，即客观规律性；第二种尺度是“内在固有的尺度”，即主观创造性、自觉性。最后蒋孔阳又从总的方面归纳了美的规律的四个特征，即“美的规律是人类劳动的一个基本特点”，这就是说人的本质是劳动，而劳动本身就是美的，劳动是美的源泉；“美的规律应当符合不同客观事物本身的规律”，这就是“任何物种的尺度”问题；“美的规律与人类劳动实践的目的性是密切联系在一起的”，这就是“内在固有的尺度”问题；“美的规律是具体的，不是抽象的”，这就是“塑造物体”或“造形”问题。② 简言之，美的规律就是“人类在劳动实践的过程中，按照客观世界不同事物的规律性，结合人们富有个性特征的目的和愿望，来改造客观世界，不仅引起客观世界外在形态的变化，而且能够实现自己的本质力量，把这一本质力量自由地转化为能够令人愉悦和观赏的形象”③。

---

①《蒋孔阳自选集：美的规律》，山东教育出版社1998年版，第2页。
②《蒋孔阳全集》第三卷，安徽教育出版社1999年版，第226页。
③《蒋孔阳全集》第三卷，安徽教育出版社1999年版，第266—227页。

既然美的规律与劳动的规律密不可分,那么是否一切劳动都与美的规律有关呢?一个重要的事实是,劳动的规律中的劳动指的是自由劳动,而非不自由的劳动。不自由的劳动也被称为异化劳动。那么,异化劳动能产生美吗?关于这一点,有两派意见,一是否定,二是肯定。蒋孔阳站在后一立场上。他认为虽然异化劳动具有强制性、工具性、其成果被剥夺等特征,但自古至今的美和艺术差不多都是在异化劳动的社会中产生的,显然异化劳动与美仍存在密切的联系。其一,异化劳动背后有自由劳动的支配,比如统治阶级(奴隶主、地主、资本家等)受自由劳动支配。其二,异化劳动促进了分工,一部分人从繁重的体力劳动中解放出来,从事精神劳动和生产,而美和艺术主要是精神生产。其三,异化劳动和自由劳动是相互交织和结合的,在异化劳动内部也具有自由性、目的性,并且自由劳动又离不开异化劳动。其四,异化劳动激发了劳动者的反抗意识,从反面促进了美和艺术的发展。因此,总体上说异化劳动不利于美和艺术的创造,但就个别情况而言,“异化劳动又在不同的情况下、在不同的程度上,创造了美和艺术”。蒋孔阳的这一看法是符合马克思主义辩证唯物主义精神的。

劳动创造了美,一般而言主要是艺术。那么,自然美是不是人类劳动的创造呢?这也涉及美的规律问题。这其实是20世纪50年代美学大讨论在80年代的又一次回响。对这一问题有两种看法:一是认为自然美也是劳动创造的;二是认为自然美不是劳动创造的,而是自然属性本身所产生的。蒋孔阳认为二者都有道理,但倾向于第一种意见。他将二者综合起来,认为“自然美是自然物的自然属性与人类的社会属性的统一,是自然的感性形式与社会的生活——思想内容的统一”①。蒋孔阳区分了自然与自然美,自然

①《蒋孔阳全集》第三卷,安徽教育出版社1999年版,第243页。

是无所谓主体客体的,而自然美必须有审美的主体,即人。因此自然美不单是自然的属性,而且是自然的属性与人类社会发生的审美联系。同样的自然或自然属性在不同的时间、地点、主体环境下,也可能美,也可能不美。此外,自然美还有赖于人类劳动的加工改造,更是与人类关系密切。自然美是伴随着人类社会的发展而发展的。在人类的长期劳动中,人的本质力量不断发展壮大,人与自然也就发生了更为密切的审美联系。自然美的形成是从劳动的实用关系走向审美关系的,并且劳动还在不断扩大自然美的范围。当然,自然美与劳动关系密切并不等于自然美可以不需要自然这一物质基础了,而是说自然美始终以自然的物质属性为基础。通过论证,蒋孔阳最后总结说:"自然美一方面离不开人,从它的产生和发展来看,是人类劳动实践过程中的产物;但另一方面,我们人类又不能离开自然任意地创造自然,任意地用主观的情趣来解释自然美,或者单纯用社会性来解释自然美。"[1]蒋孔阳的看法是非常辩证的,既抓住了问题的本质,同时又考虑全面,这样的结论也具有很强的综合性和说服力。

>>《真与美——蒋孔阳美学随笔》书影

①《蒋孔阳全集》第三卷,安徽教育出版社 1999 年版,第 258 页。

艺术美是马克思主义美学的重要内容,蒋孔阳依据马克思对美的规律的见解探讨了美的规律与艺术创造的关系。他认为艺术创造需要符合美的规律,要把外在尺度和内在尺度结合起来,同时注重事物的形象性和内在的情感性,简言之就是"外师造化,中得心源,既要深入生活,对周围现实有细致周密的观察和感受,又要有内心的修养和高尚的情操,对人生具有炽烈的同情心"①。

蒋孔阳对马克思主义美学的阐释是系统的。就美学史而言,马克思主义美学将美学史推进到了崭新的阶段——马克思主义阶段。就马克思主义美学关于美的起源而言,自由劳动创造了美,美就起源于劳动。与自由劳动相对立的异化劳动虽不利于美的创造,但在客观上也创造了美,应该加以肯定,但不能一味提倡。就马克思主义美学关于美的表现形态而言,美主要包括自然美和艺术美,二者都与劳动有着密切的联系,区别在于自然美包含着物质实践活动和精神实践活动,而艺术美主要是精神实践活动。因此自然美较为复杂,而艺术美则相对单纯。艺术美的创造最能体现人类的本质力量(超越物质本身的局限性,而走向了形象塑造),因而也是美的主要形式和最高形式。这也是为什么蒋孔阳一直强调美学研究必须以艺术美为中心的原因。

当然,蒋孔阳对马克思主义美学的梳理并不意味着缺乏自己的创建,这在《美学新论》全篇的布局就可以看出。蒋孔阳站在马克思主义美学的高度,通过综合中外美学史,提出了自己关于美学的若干看法,集中体现就是他的四命题。可以说,《美学新论》就是蒋孔阳马克思主义美学观的一个集中体现。

---

①《蒋孔阳全集》第三卷,安徽教育出版社1999年版,第268页。

三、美感经验与审美范畴

在《美学新论》中，对美感经验和审美范畴的讨论是两大亮点。20 世纪中国美学主要涉及的问题有美育、美的本质、美学学科等问题，美感经验或者审美经验直到 20 世纪 80 年代才获得充分的重视。《美学新论》第四编“美感论”是蒋孔阳最为集中的对审美经验的探讨。由于其专业的深度，使得蒋孔阳的美感论至今仍散发着理论的魅力。

蒋孔阳将美感置于生理—心理结构之中，生理结构是美感的物质基础，而心理结构则是审美的心理特征。这里要说明的是，蒋孔阳讨论的美感是审美鉴赏层面的美感，而非审美创作层面的美感。蒋孔阳将美感划分为五个方面，即满足感、愉快感、幸福感和和谐感、自由感，其中前三者处于初级层面，是生理与心理的结合；后二者处于高级层面，主要是心理层面。美感的产生是人类社会实践的产物。但美感不是一蹴而就的。美感最初是与动物性相关的，是本能的、模糊的，可以产生满足感、愉快感和幸福感，这是因为受到异己力量（物质和精神）的巨大束缚，还不能产生和谐感和自由感。人类必须通过劳动实践不断开发和展现自己的本质力量，才能真正推动美感的产生。从要素上来说，美感是多种因素的结合，一是审美能力，就是通过劳动实践所形成的能力；二是审美环境，主要是社会发展的不同阶段、不同地域，审美的民族性、个性等日益明显；三是审美心理，就是不同的喜好、趣味、习性等；四是审美态度，就是人的主观态度。四个要素中审美能力、审美心理、审美态度都与心理学密切相关，因此“心理学研究所达到的高度，常常决定了美感研究所达到的高度”[①]。蒋孔阳即是站在马克思主义的立场上从心理学角度来探讨美感的。

首先的问题是美感具有怎样的生理基础。蒋孔阳认为,美感的生理基础一方面是美感的生理性,另一方面是人的生理与动物生理在性质上的差别。美感的生理性是明显的事实,人类通过感觉器官来欣赏。但人的感觉器官显然不同于动物的感觉器官。一是人的感觉器官结构突出的是额头和眼睛,而动物突出的是嘴巴。二是人的感觉是连续性的,而动物的感觉是非连续性的。三是人的感觉器官还具有以下特点:它是自由的,是感性和理性的结合,富有创造性的,是可训练的等。蒋孔阳对美感起源的讨论从属于他的马克思主义哲学美学观,与美的产生有着密切的联系。实际上,中国的马克思主义美学特别重视美和美感的起源研究,经常将动物与人做出高下对比。应该说,蒋孔阳对美感的生理基础的探讨是较为全面的;不足之处在于多从心理学着眼,而运用考古学、人类学等资料较少,美感发生的基本历史进程尚未充分展现。

在生理—心理结构中,美感的心理性占据着更高的位置。如果说美感的生理性提供了美感的物质基础的话,那么美感的心理性则是美感的具体实现,蒋孔阳将其称为美感的“心理功能”。心理功能一般划分为理智、意志和情感,美感主要属于情感。美感的心理功能由低到高共分六个层次:感受和直觉,知觉与表象,记忆和联想,想象和幻想,思维和灵感,通感。

感受和直觉是美感的最初层次,二者的区别在于感受是生理性的,而直觉是心理性的。审美直觉来自于感受,经过了心理的加工,具有直接性、突然性、专注性和透明性等特点,因此常常被神秘化。其实直觉本只是心理的

①《蒋孔阳全集》第三卷,安徽教育出版社 1999 年版,第 281 页。

一种表现而已，它的获得主要靠后天的努力，比如不断积累、深化、转换等。比直觉更高的是知觉。直觉是分散的、偏重感性的，而知觉则是集中的、融入理性的。“知觉是感性与理性的统一，是概念在感性形象中的活动。”①如果说直觉产生的是印象，那么知觉产生的是表象。所谓表象就是外在印象经过知觉作用在内心所发生的转化，主要表现为完形（整体性）、选择（主动性）、意向（目的性）等。知觉在美感形成中的作用是关键的，它连接了感性和理性、物质和精神，使美感从生理性提升至心理性高度。记忆和联想、想象和幻想、思维和灵感、通感都是美感的心理层次上的表现。其中有几点值得说明：一是蒋孔阳对思维和美感关系的认识。美感中的思维是形象思维；但也包括抽象思维；与美感有着直接关系的思维是形象思维，而抽象思维在促进美感的产生方面不可或缺。形象思维的一个特例是灵感，它是“思维的一种突变形式，真积力久，猝然迸发”②。二是通感。通感是感觉的融会贯通，但通感并不是主要的，它只是综合了不同类型的感觉而已。蒋孔阳对美感的心理性内容的讨论大致如此，主要是从情感角度来说的，意志和理智较少涉及。其实在谈论思维的时候就已经涉及理智，美感的实践积累方面也涉及意志。为了进一步分析美感的心理性内容，蒋孔阳还联系审美欣赏的具体情况，从表层特征和深层特征两个维度来阐释美感的基本心理特征。

与审美欣赏相近的一个概念是品味，但审美欣赏远远高于品味，这是因为审美欣赏主要是精神性的，也远较品味复杂。审美欣赏的表层特征是指“审美主体直接面对审美对象时，所引起的一些特殊的心理活动”；而深层特征是指“当审美活动深入进行时，在欣赏者内心中所产生的一些复杂的关系

①《蒋孔阳全集》第三卷，安徽教育出版社1999年版，第303页。
②《蒋孔阳全集》第三卷，安徽教育出版社1999年版，第318页。

和矛盾"[1]。就表层特征而言,主要有形象的直觉性、注意的集中性、感受的完整性、想象的生动性等。形象的直觉性指我们总是以非概念的方式欣赏美。注意的集中性指我们的审美欣赏是高度集中的,从而和生活拉开距离,古人讲的"心斋""坐忘"就是体现。感受的完整性指欣赏活动总是"以我们整个的身心意志和感情,全部地融化到作为整体的审美对象中去"[2],是整体的人和整体的对象的融合。想象的生动性指欣赏活动本身的再创造,即"对文学艺术作品进行想像性的再现和描绘"[3]。

美感的表层特征是比较容易把握到的,而其深层特征则指向心理结构,往往充满张力,具有五个方面特征:其一是生理与心理的矛盾统一。在审美欣赏中,生理是基础,心理是高度,没有生理基础,心理达不到足够的高度;相反,只有生理基础,美感也就成为纯粹的本能。其二是个性与社会性的矛盾统一。个性是一个人的自主性和自由性,具有独立的人格和高超的表现技巧。它与社会性是充满矛盾的。一般而言,在历史上,社会性往往会压抑个性,但社会性也为个性提供广阔的舞台。进步的社会性与个性并不矛盾,但恶劣的、肆意膨胀的个性(当然,其本身也不是真正的个性)不值得提倡,它应该受到进步的社会性的规范和约束。蒋孔阳认为,"你可以高出于社会,却不可以脱离社会"[4],就是这个意思。其三是具象性与抽象性的矛盾统一。这里的具象性与抽象性根据蒋孔阳的描述有不同的含义:一是具体性与虚拟性,虚拟性由具体性体现,从而使具体性更灵活;二是具体性与概括性,概括性溶解在具体性之中,从而使具体性更具深度;三是具象的形象和

---

①《蒋孔阳全集》第三卷,安徽教育出版社 1999 年版,第 331 页。
②《蒋孔阳全集》第三卷,安徽教育出版社 1999 年版,第 336—337 页。
③《蒋孔阳全集》第三卷,安徽教育出版社 1999 年版,第 337 页。
④《蒋孔阳全集》第三卷,安徽教育出版社 1999 年版,第 337 页。

抽象的形式,形象借由形式表达,从而使具象更鲜明突出。其四是自觉性与非自觉性的矛盾统一。这里的自觉性与非自觉性主要是指意识性和无意识性。审美活动主要是意识性的,但不排除无意识性;即便宣称意识流的现代艺术,也同样有意识的参与,只是表现形式不同于传统而已。其五是功利性与非功利性的矛盾统一。功利性是指审美活动的生理性、实用性、世俗性,而非功利性并非是说审美活动没用,而是和生理性、实用性、世俗性没关系,是精神功利,就是“满足自我的精神需要”①。上述五个方面是审美活动的心理结构,在充满张力中实现审美的丰富性,任何单一或片面看待它们的,都将有害于对美感的理解。

承接美感深层结构的五个方面,蒋孔阳又讨论了美感教育问题。美育理论被认为是他“整个美学思想体系中的一座重镇”②。美感教育的目的“在于培养人,发展人,使之成为身心健康的完美的人”③。因此在历史上人们特别重视美育。美育不同于德、智、体、劳四育,因为其培养的目标不一样。美育也不同于艺术教育。艺术教育主要是从技术层面入手,而美育是“通过艺术等的美感活动和审美形式,来提高人的素质和修养,来转移人的心理气质,改变人的精神面貌,从而达到全面培养人的目的”④。因此,美育的目标更高,它不是要把你培养成一个艺术家,而是要把你培养成一个真正的人,“通过心理气质和精神面貌的转移,来培养出人们独特的风趣和高尚的情操。”⑤那么如何实现这一目标呢？有三个途径:一是从生理到心理,不断提升自己的精神层次;二是从个别到普遍,不断提升自己的认识层次;三是从

①《蒋孔阳全集》第三卷,安徽教育出版社 1999 年版,第 347 页。
②《蒋孔阳全集》第五卷,安徽教育出版社 2005 年版,第 849 页。
③《蒋孔阳全集》第三卷,安徽教育出版社 1999 年版,第 362 页。
④《蒋孔阳全集》第三卷,安徽教育出版社 1999 年版,第 366 页。
⑤《蒋孔阳全集》第三卷,安徽教育出版社 1999 年版,第 367 页。

功利性到超功利性,不断提升自己的心灵层次。其实就是精神上的美、理智上的真、价值上的善的结合。除了上述三个途径外,美育还表现在不同的审美形态上,即自然美、社会美和艺术美,其中艺术美是最重要的美感教育方式。这在于艺术美本身最能体现出人类的创造性,同时又揭示生活的真理,凝聚人类的普遍心声,表现人们的美好理想。

在《谈谈审美教育》(1984 年)中,蒋孔阳将审美教育界定为融合了娱乐、爱美、情感、人品、艺术教育为一体的教育实践①,其中艺术教育是关键。这里的艺术教育不同于将人培养成艺术家的艺术教育,而是经由艺术教育实现对人的塑造。在《对美育的一些想法》(1988 年)中,又突出了美育的自由、和谐、人生价值等维度②。

蒋孔阳对美感的讨论表现出以下特点:一是特别重视心理学方法,如果缺乏了心理学的知识,对美感的讨论将重回到传统的经验描述层次;二是注重逻辑性,将生理与心理相结合,将心理的表层与深层相结合,全面展现了美感的逻辑结构;三是注重辩证性,多方面、综合性地探讨美育,特别是美感的深层心理结构,集中体现了他对辩证法的掌握;四是将美感的讨论引向对人的自我完善层次,有着深切的价值关怀,典型体现就是将美育放置于美感内容中,从而使对美感的探讨具有了哲学高度。

当然,由于蒋孔阳的美感讨论过于倚重普通心理学,也使他的分析具有局限性。一是没有深入到专门心理学,比如文艺心理学、文化心理学、视觉心理学、人本主义心理学等。二是虽然总体上描述了美感心理的各个方面,但仍缺乏对美感案例的具体分析,有些唯心理学的倾向。三是缺乏文化学、

①《蒋孔阳全集》第三卷,安徽教育出版社 1999 年版,第 707—713 页。
②《蒋孔阳全集》第四卷,安徽教育出版社 1999 年版,第 41—50 页。

伦理学、哲学等方面的思想援引，比如美感的民族差异、古今差异，美感与道德感的关系等问题。四是对美感的讨论基本上偏于静态的结构性方面，缺乏历史维度，对美感的历史表现的差异性没有充分讨论，如李泽厚《美的历程》所揭示的。五是以欣赏活动来讨论美感，对创作活动的美感有所忽略。一般来说，创作方面往往被划到美的本质这一领域，比如蒋孔阳的“美的创造”。实际上，美感更宽泛的提法应该是“审美经验”（或“审美体验”）。应该说这方面蒋孔阳的讨论并未抵达理论的前沿，比如同时代的审美体验论就有艺术的灵感、高峰体验、活感性（王一川、王岳川、鲁枢元等人）等，放置在90年代的语境中，蒋孔阳关于审美体验的讨论就略显陈旧。不过，其总体上体现了马克思主义美学对美感的理解，也代表了蒋孔阳自身的理论自我完善。

对审美范畴的讨论是蒋孔阳的另一贡献。在当代美学中，对审美范畴的讨论，就综合性、历史性而言，蒋孔阳是一个难以超越的高度。在《美学新论》第五编中，蒋孔阳主要探讨了崇高、丑、悲剧、喜剧四种审美范畴。

就崇高而言，蒋孔阳认为崇高不同于一般的美。一般的美都是“完整的、和谐的”，而“崇高的形式和内容都非常大，大到超过了我们的感受力和想象力，以至我们理解不了它，控制不了它，掌握不了它”，在表现形式上“常常具有不确定性的模糊性的特点”①。蒋孔阳谈崇高特别强调崇高的现实意义，即崇高对社会主义精神文明建设的重要作用。他看到传统的官僚主义和外来的拜金主义的恶劣影响，认为对崇高的提倡有助于维护社会正气。其弟子陆扬曾撰文阐释蒋孔阳崇高论所蕴含的生命意识②。

---

①《蒋孔阳全集》第三卷，安徽教育出版社1999年版，第393页。

②陆扬：《论崇高的生命意识——蒋孔阳美学阅读札记》，载《社会科学》2014年第3期。

>> 蒋孔阳先生在书房

就丑而言，蒋孔阳认为丑与美密不可分，构成了相互对立、相互补充的关系。就历史而言，丑的历史可分为原始时代、古典时代和西方现代主义时代。原始时代美丑不分，此时美的意识尚未建立；古典时代美丑相分，此时美的意识已经建立；西方现代主义时代美丑又不分，此时旧有的美的意识不断解体，于是丑大行其道。但这并不意味着艺术将滑向丑，而不再回归美了；相反，好的艺术要善于与丑做斗争。第一，艺术可以将生活丑转化为艺术美，但这并不意味着生活丑变美了，而是变得更加鲜明突出，也就是更丑了，从而触动人心；另外，艺术还可将生活中表面美而内在丑的东西表现出来，用火眼金睛穿透它们，从而给人以警示。第二，艺术要善于通过描写丑达到与丑做斗争的目的。一方面要熟悉丑；另一方面要在艺术中对其进行辛辣的嘲讽和无情的批判，而不是歌颂之、美化之。如《金瓶梅》虽然揭露了纵欲的罪恶，但其批判却淹没在对性的描写上；而《红楼梦》则通过性揭示了专制社会的丑恶。

就悲剧性而言，蒋孔阳首先描述了悲剧性在美学史上的四个阶段：一是古希腊的命运悲剧，二是文艺复兴时期的性格悲剧，三是近代的社会悲剧，四是现代的生活悲剧。特别是第四阶段，西方现代社会的工业化、现代化使得悲剧性因素并没有被消解，而是深刻地与现代人联系在一起。关于悲剧理论，蒋孔阳分别讨论了亚里士多德、黑格尔、叔本华、尼采的基本看法，指出"他们共同缺点都是从抽象的概念来理解悲剧性，而没有从人与现实的复杂关系中，从客观的社会历史力量对人所造成的威胁和摧残中，来探讨悲剧的产生和发展"①。相比而言，马克思主义的悲剧论更为全面科学。马克思主义的悲剧论认为悲剧意味着美的毁灭，这一毁灭具有历史的必然性和性格的坚强性，就是历史的必然要求与这一要求的暂时无法实现之间的巨大矛盾；之所以暂时无法实现，乃是因为毁灭美的社会力量尚具有一定的历史性，而人们对这一力量也在悲中增加了恨。蒋孔阳还比较了中西不同的悲剧观。由于中国社会结构和特征更加内敛、儒雅，因而悲剧性相对于西方而言并不明显。中国的悲剧一般表现为两个特点：一是英雄人物遭到迫害而自甘沦丧；二是悲剧偏重苦和悲，同时又和喜剧性相结合，造成大团圆结局，从而弱化了悲剧效果。

就喜剧性而言，经常和笑联系在一起。关于对喜剧的看法，蒋孔阳首先引述了历史上关于喜剧性的多种理论，如霍布斯的"突然荣耀说"、康德的

---

①《蒋孔阳全集》第三卷，安徽教育出版社 1999 年版，第 421 页。

“乖讹说”或“预期期望说”、黑格尔的“绝对真理和它的个别现实事例之间的矛盾”说、柏格森的“生命机械化”说、弗洛伊德的“心理能量消耗的节省”说等，综合考量之后认为，“作为审美范畴的笑和喜剧性，应当具有一定的心理内容，能够对对象作出肯定的或否定的审美评价”①。根据马克思主义的观点，喜剧应该是人的本质力量异化（即成为非人）并且这一异化又被当成本质力量后所产生的美学效果。马克思主义最著名的关于喜剧的看法是历史喜剧，即进步力量第一次出场是悲剧，它要和旧有的保守力量做斗争，而第二次出场则作为喜剧，因为它已经不再成为进步力量了。在西方，喜剧中的人物一般都是负面人物；而在中国，古典喜剧中的人物多是正面人物，喜剧产生的笑一般是带着眼泪的笑。

蒋孔阳对审美范畴的讨论具有以下特点：一是很强的历史性，或者说是从美学史角度出发的讨论，写作方面基本上是先叙述历史上有关看法和理论，然后提出自己的看法。比如讨论崇高，就提到西塞罗、朗基努斯、伯克、康德等。在论及丑、悲剧中也是如此。二是将马克思主义的基本观点贯彻始终，比如人的本质力量、经济基础与上层建筑的划分、历史唯物主义与辩证唯物主义等。三是表现出较强的现实关切，比如联系现实社会风气，提倡崇高性的作品。四是具有中西比较的视野，在论述各类审美范畴的时候总是将中西各类思想融汇一起，同时作出比较，比如对比中西不同的悲剧观和喜剧观。

当然，蒋孔阳的论述也有不足，表现之一是过分倚重历史性，自己的创见性成果却不够充分，比如对历史上不同审美范畴理论的征引是广泛的，但自己的阐释却较少，给人的感觉是一部“审美范畴史”，范畴的内在结构缺乏

①《蒋孔阳全集》第三卷，安徽教育出版社1999年版，第436页。

更集中的展示。表现之二是对审美范畴的讨论数量偏少，不够全面，比如西方现代美学最为著名的荒诞，比如中国传统美学中的“意境”“神韵”等各类范畴，缺乏充分的讨论。表现之三是对社会主义时期的审美范畴发展状况缺乏必要的总结，即未多涉及在新的社会发展的不同阶段，审美范畴发生了怎样的变化等问题。

四、比较美学观念拓展

蒋孔阳是中西比较美学研究的积极开拓者。他的西方美学研究的代表作是《德国古典美学》，中国美学研究的代表作是《先秦音乐美学思想论稿》。这两部书是蒋孔阳在美学史上的代表作品，一中一西，奠定了蒋孔阳中西比较美学研究的基础。

1982 年蒋孔阳曾发表《中国古代美学思想与西方美学思想的一些比较研究》[①]，其观点又集中体现在《美学新论》第六编中。《中西艺术与中西美学》《中西美学思想的比较研究》是中西比较美学研究的重要文本，此外还有单篇论文《对中西美学比较研究的一些想法》。

在《对近年来我国美学研究工作的一些想法》(1984 年)一文中，蒋孔阳就提到要以比较中西美学作为美学研究的重要内容。蒋孔阳在《中西美学思想的比较研究》一章中梳理了比较美学的发展史。比较美学在蒋孔阳所处时代尚未成为独立的学科，但比较美学的研究已经很充分了。在中国香港、台湾等地，这方面做得较多，这得力于这些地方处于中西交汇之处的地

①该文收入《中西比较美学文学论文集》(四川文艺出版社 1985 年版)，并被列为开篇论文，可见本文的引领意义。

理优势。此外，在西方也有类似的研究，比较中西美学有时候过于夸大，有时候则过于贬低，相比而言，日本的比较研究则更为成熟一些，这是因为日本浸淫中国文化甚深，比如日本神户大学的岩山三郎教授就是中西比较美学研究中的佼佼者。除了香港地区、台湾地区、西方、日本外，中国美学家进行中西美学比较的也有，特别是现代以来的宗白华、朱光潜等人。可以说，比较美学已经具备充分的实践基础了。就现实性而言，比较美学的研究应该注重民族化和现代化，即继承传统、借鉴西方、发展未来的中国美学。

但比较的出现并不容易，和比较相比还有两种态度，时时制约美学的发展。一是排斥，主张各自走各自的。对中国而言，这一态度容易导致闭关锁国、落后挨打的局面，也跟不上时代趋势，因此排斥的态度是要不得的。二是照搬，全盘拿来，全盘西化。这一态度容易导致脱离具体实际的情况发生，遗忘民族本性，也是要不得的。比较美学是反对上述态度的。因为就美学的性质而言，对中西美学进行比较研究显得更为迫切，这首先因为美学这一学科来自西方，因此我们需要掌握西学；其二，掌握西学有利于对中国传统美学的阐释；其三，掌握美学对训练我们科学的思维习惯有促进作用。这说明，美学研究其实就已经进入比较的视域了。但比较不是凭空而来的，进行比较研究需具备两个条件：一是“对中西都做过相当深入的研究和了解，知道各自的长处和短处”。二是“具有独立自主的精神，能够用当代世界的眼光，对西方的东西发表我们自己的见解；同时用现代科学的方法，对我国优秀的传统，进行清理、整理和解释，然后向世界介绍，推向世界，纳入世界的范围”①。可见，比较的态度是批判吸收、综合创新、面向世界的。

因此，比较的目的不是为了比较而比较，而是包含了两方面的含义：一

①《蒋孔阳全集》第三卷，安徽教育出版社1999年版，第442页。

是"为了更好地认识西方从古到今的艺术和美学思想,以便他山之石,可以攻玉";二是"要用世界的眼光,来重新认识中国古代的艺术和美学思想,以便挖掘出民族的'根',发扬其固有的优点,克服其不能适应当代世界的缺点,从而走向世界,独树一帜"①。为了达到这一目的,比较就要遵循基本的原则,一是"不能绝对化,专门求异"②。比较的目的一方面是"异中求同,在各自不同的特殊规律中探寻彼此相同的共同规律",另一方面还要"同中求异"③。二是"不能片面化,只计一点,不及其余"④。这就是要全面比较、整体比较、综合比较。蒋孔阳批评了流行的中国讲言志、西方讲模仿的看法,认为其概括不全面,不能说一提言志就是中国,一提模仿就是西方,而看不到双方的复杂性。整体比较是要求能够全面地看到双方的特征,不是看到一些表象,而是看到深层原因和机理。"中西的美学思想,来自于他们不同的艺术实践;他们不同的艺术实践,来自于他们各自民族的精神生活与精神面貌;而他们的精神生活与精神面貌,又来自于他们不同的生活方式。"⑤蒋孔阳将美学思想放置在艺术实践—精神生活—生活方式这一链条上,从而确立了中西美学比较的基本路径,即在比较中西艺术实践、中西精神生活、中西生活方式的基础上探讨中西美学思想的差异和特征。在《西方艺术与西方古代美学思想》《中国艺术与中国古代美学思想》中,蒋孔阳从艺术实践入手来探讨中西美学思想与艺术表现的复杂关联,详见前文分析。而在《中西美学思想的比较研究》中,蒋孔阳更是从社会历史背景、思想渊源和传统、艺术实践、语言文字结构四个方面加以系统分析。

---

①《蒋孔阳全集》第三卷,安徽教育出版社 1999 年版,第 443 页。
②《蒋孔阳全集》第三卷,安徽教育出版社 1999 年版,第 443 页。
③《蒋孔阳全集》第三卷,安徽教育出版社 1999 年版,第 444 页。
④《蒋孔阳全集》第三卷,安徽教育出版社 1999 年版,第 445 页。
⑤《蒋孔阳全集》第三卷,安徽教育出版社 1999 年版,第 449 页。

首先,从社会历史背景上来说,中国古代的社会结构是宗法性和农业性的,而西方的社会结构是宗教性和商业性的。由于中西方不同的社会结构,因而它们在艺术和美学上的表现也不同。西方的美学思想都具有宗教性,经常与神(超验性、超自然性)的观念相联系,始终笼罩着某种神秘主义色彩。如果说西方的美学思想超越性更强的话,那么中国的美学思想世俗性更强,因为它是建立在宗法性之上的,宗法很强调家庭、秩序性和现世性。从经济角度来说,西方重视商业,强调冒险,在美学思想上表现为求新求变,富有动态性;而中国重视农业,强调稳定,在美学思想上表现为求稳求好,富有静态性。其二,从思想渊源和传统上来说,中国的基本思想是儒、道,重视做人,而非求知,因而美学思想的表现是更多地探讨文艺与人生的关系,很少探讨文艺的本质问题,并且用语含混,注重体验。而西方的基本思想是柏拉图以降的理性主义,强调求知,因此对美学领域中的本质问题、理性问题探讨充分,用语明细,注重逻辑。其三,从艺术实践上来说,西方的艺术实践来源于希腊的史诗、戏剧、雕塑,重视动作和形体;而中国古代的艺术实践则来源于诗歌(《诗经》《楚辞》)和书法,重视情感。因此可以说,西方的艺术偏重于模仿,而中国的艺术偏重于表现。其四,从语言文字的结构上来说,西方文字是拼音文字,注重时态、词性等,因而富有确定性;而中国的汉字是表意文字,没有任何时态、词性上的变化,富有结构上的形式美,但因为不确定,所以分析起来就富有多义性。

蒋孔阳从四个方面加以论述的目的不是证明中国美学低于西方美学,比如西方科学,中国不科学等,而是证明双方是具有巨大差异性的。这可以说明,比较比的不是高低,而是特点,越是有特点的美学,就越应该成为比较美学的研究对象。

蒋孔阳的比较美学研究有以下特点:一是基本展现了比较美学的历史

脉络，但尚不详赡；二是确立比较美学的基本学术原则，比如比较的三个层次（艺术—精神—生活方式）与四个方面（社会—思想—艺术—语言）；三是具有明确的学术自信，不是比高低，而是比差异；最后是强化学术创新意识，比较不是停留于差异本身，而是创造一种新的美学形式，是将民族化与现代化相结合。比较的方法一直是蒋孔阳研究方法或治学方法中最重要的方法之一，这一方面使他的论述具有很强的综合性和比较性，另一方面在综合和比较中也使自己的看法能站在前人的高度上有所创新。虽然，蒋孔阳的比较美学的探讨总体上还是纲要性的，但这一研究的筚路蓝缕之功是不可磨灭的。[①]

五、“新论”的特色与意义

《美学新论》是蒋孔阳晚年的集大成之作，富有鲜明的时代特征和个人色彩，其表现如下：

其一，本书全面体现了蒋孔阳作为美学史家的广博知识储量和历史意识。随便翻阅，古今中外的美学家、艺术家资料随处可见，这保证了本书具有相当的知识性和可读性。在对一些问题的讨论上，总是坚持鲜明的历史意识，用蒋孔阳的话说就是“温故而知新”，不说一句空话，理论从历史中总结而来。但这既是优点也是缺点，总体上稳重有余，创造性不足。

其二，本书全面体现了他的马克思主义美学观和方法论。以“人的本质力量的对象化”为美学的逻辑基点，以“人对现实的审美关系”为出发点，坚

①关于蒋孔阳中西比较美学的多重维度，可参考蒋孔阳之女蒋红的《论蒋孔阳中西美学思想的比较》（《学术月刊》2001年第3期）。

>> 高楠著《蒋孔阳美学思想研究》书影

持唯物辩证法，对古今中外不同的美学观点做了批判性的综合吸收，并通过具体事例的探讨并丰富了马克思主义美学。

其三，本书全面体现了他的美学观。该书立足于马克思主义，系统全面地探讨了美的本质、美感、美的范畴、比较美学等重要美学问题，形成了以美在创造中、人是世界的美、人的本质力量的对象化、美是自由的形象四个命题为中心的美学体系，是当之无愧的美学理论著作。还有他的比较美学研究，具有前瞻性，也是蒋孔阳美学实践的结晶。

其四，本书全面体现了蒋孔阳与时俱进、不断超越自我的美学研究精神。全书所包含或涉及的西方现代美学和艺术流派繁多，比如弗洛伊德、荣格、伽达默尔，后现代艺术、分析美学乃至德里达的解构主义等。这一努力对一位年逾古稀的老人而言，是难能可贵的。

其五，本书全示体现了新中国第一代美学家的历史责任感。《美学新论》的撰写是在蒋孔阳60岁左右开始的，出版时他已经70多岁了。可以说，出版体系性的美学著作不但是对自己负责，更是对自己所从事的美学事业负责，体现了新中国第一代美学家的理论抱负和责任感。当然，由于求大求全，其著作内容表现出的参差不齐是在所难免的。

任何一部著作都不是完美的，《美学新论》也是如此。首先，全书的逻辑结构并非无懈可击，在撰写评传时尤其能体会这一点。其二，篇幅仍然过于庞大，并不适宜作为一般的高等学校教材，如果能更简练一些，则更利于一般大学生阅读。其三，理论的前沿性仍显不足，20 世纪 80 年代出现的一些新的美学理论还未全方位地出现在本书中。其实上述不足对一位年轻一些的美学家来说是可以避免的，但对一位美学老人而言则是巨大的难题。蒋孔阳浸淫马克思主义美学，其成长又离不开中国当代美学特定的思想文化语境，加之晚年身体欠佳，杂务缠身，能够完成这部著作已实属不易。

掩卷而思，我们所读到的不是一般的美学著作，而是一位美学家终生美学理想的展现，它的光辉不可磨灭。

第七章　美的实践

蒋孔阳完成《美学新论》之后,其一生多方面的成就均得以呈现,尽管还有这样那样的缺憾。20 世纪 80 年代,蒋孔阳迎来了自己的黄金时期,撰述了大量的文字。90 年代,蒋孔阳迎来了自己的收获期,声名日隆。同时,八九十年代的蒋孔阳已是疾病缠身,取得这些成果的竟然是一位六七十岁的老人,怎不令后学汗颜呢? 蒋孔阳不但美学思想有如此成就,在美的实践方面也有其独特之处。评传既有关于思想方面也有人生方面,在本章我们将从美的实践这一角度来阐释蒋孔阳独特的治学方法、对上海美学研究的贡献、推进学术交流与醇厚的人生体验,进一步呈现蒋孔阳人生的丰富性。

一、治学方法论

蒋孔阳取得的成绩与其独特的治学方法论是分不开的。他早年就注重将艺术的感性、历史的事实性、哲学的理论性结合起来[①]。盛年时强调“兼收并蓄,博采众家之长;真情实感,说真心话;力求平易浅显,让读者懂”[②],可谓是数十年经验的总结。

蒋孔阳还将这种治学方法论传授给自己的学生。蒋孔阳的学术教育是卓有成效的,迄今活跃在美学界、文艺理论界等较著名的学者朱立元、朱志荣、郑元者、郜元宝、陆扬、王坤、张德兴等都是蒋孔阳先生的弟子。之所以如此,这和蒋孔阳独特的治学方法论、人格魅力和扎实的学术教育是分不开的。

蒋孔阳认为,“一个导师的责任,主要不在于教给学生以他们所不懂的东西;更主要的,还在于帮助同学发掘他们独立自主的科研能力和科研精神”[③]。他并不固定学生的思路,对学生提出的思路总是给予最大限度的爱护和鼓励,尤其是那些难度极大的题目,蒋孔阳作为导师并没有轻易否定。比如对郑元者的《艺术起源学引论》,他就认为对于作者的理论勇气应当肯定。他对一些年轻学子如陈望衡等也充满爱护,对一些有创见的看法热情

①《蒋孔阳全集》第五卷,安徽教育出版社2005年版,第832页。
②《蒋孔阳全集》第五卷,安徽教育出版社2005年版,第852页。
③《蒋孔阳全集》第五卷,安徽教育出版社2005年版,第620页。

赞扬，从不因年轻而忽视其创见。陆扬将这一点概括为“严格要求，宽容以待”，并认为是蒋孔阳在复旦教学五十年的“教学之道”，这是有道理的。

蒋孔阳还认为，科学研究应从学科史出发，对某一学科的历史了然于心，然后进行专题性的探讨，或人物、或主题等，最后旁及各家、融会贯通，形成自己的特色。他的一些博士研究生就是以这个思路来确立自己的研究的，如朱立元的《黑格尔美学思想论稿》、朱志荣的《康德美学思想研究》等。从学科史角度来说如此，从更广大的学术史角度来说也是如此。从事科学研究的大学教师应该“建立广阔的学术视野”，“广泛地浏览和阅读古今中外有代表性的文、史、哲著作。这样，不但有助于丰富知识，提高学术修养，也能收到触类旁通之效，促进自己的教学和专业研究”①。可以说，蒋孔阳从来不是将美学固定在单一学科之内，而是力求打通，既保证广度，又保证高度。

据郜元宝回忆，蒋孔阳还提到学习美学的三种准备：一是语言，古汉语与外语（至少是阅读）；二是哲学；三是精通一门艺术②。就语言而言，如果不精通古汉语，蒋孔阳的《先秦音乐美学思想论稿》是无法完成的；如果不精通外语，《德国古典美学》也无法完成（当然读的还只是英译本）。就哲学层次而言，没有马克思主义哲学的系统训练，没有对哲学史的系统掌握，西方美学史的研究就无法进行，对中国美学史而言也是如此。就艺术而言，蒋孔阳的散文写得很好，对诗歌鉴赏也很精通，文艺美学的拓展也就水到渠成。不过就当代而言，很多美学家虽然精通外语，但已经不精通古汉语了；精通哲学，但已经不精通中国哲学了；精通美学，但已经不精通艺术了，这是极为可惜的。

---

①《蒋孔阳全集》第五卷，安徽教育出版社 2005 年版，第 711 页。

②郜元宝：《记忆的碎片》，见濮之珍编选《蒋孔阳：且说说我自己》，上海文艺出版社 2008 年版，第 346 页。

蒋孔阳非常注重对经典文本的研读[①]。他在自己的指导实践中总是把《手稿》当作“重要的必读的经典著作”，让学生去研读，去做读书笔记。之所以选择《手稿》，乃是在于《手稿》在马克思主义美学思想体系中的重要意义，也在于对中国20世纪80年代美学的时代意义。将经典研习作为研究生学习的重要方式显然有助于他们站在更高的层次上发现问题和研究问题。

>> 蒋孔阳先生在上课

前面提到蒋孔阳对自己的治学做了系统总结：一是兼收并蓄，博采众家之长；二是真情实感，说真心话；三是力求平易浅显，让读者读懂。具体而言，第一点是他的方法论和世界观。蒋孔阳的很多著述并非标新立异，而是表现了对历史的充分尊重，以马克思“真理占有我，而不是我占有真理”为座

①他曾推荐自己喜欢的八种著作《庄子》《孟子》《中国近三百年学术史》《文艺心理学》《美学》《歌德谈话录》《理想国》《判断力批判》，涉及古今中外经典著作。他还将《理想国》《形而上学》《小逻辑》《巴黎手稿》作为研究生的精读书目。

右铭。蒋孔阳的学术研究始终坚持“为学不争一家胜，著述但求百家鸣”的精神(《美在创造中》自序)，可以说深刻体现了中国传统学者的包容精神，也体现了马克思主义的历史主义态度。第二点是学术态度。蒋孔阳的很多著述都是有所感而来，建立在扎实的资料基础和感受经验之上，经常提到自己的具体审美经验，并与理论相佐证，非常有说服力。这一点表现了一位学者的学术诚意。第三点是蒋孔阳的文字功夫。就阅读感知而言，蒋孔阳的文字通俗易懂、深入浅出，给读者营造了一个非常良好的阅读语境，促其提起兴趣。当代学术中一些欧化的倾向在蒋孔阳那里是根本看不到的。除此之外，蒋孔阳还具有很强的批判精神。这其实是综合比较的题中应有之义，因为如果没有批判，也就无法综合创新。批判的意思就是既看到优点又看到

>> 蒋孔阳先生与弟子们

缺点。蒋孔阳的治学已经得到当代学者的认可，如李衍柱将蒋孔阳的学术品格概括为“海纳百川，博采众长，巍然卓立”①。

蒋孔阳治学特别重视体系的完整性。在他的一生著述中，几乎都是朝向一个更终极的目标，比如《德国古典美学》与西方美学史，《先秦音乐美学思想论稿》与中国美学史，各类美学论集及《美学新论》与美学理论等。在蒋孔阳的主要领域西方美学史、中国美学史、美学理论中，只有美学理论有系统的著述，而前面两个都成了永远的遗憾。体系的完整性对一个学者而言是一个巨大的挑战，研究一个大家、一个专题是容易的，但做系统的研究却是很困难的。蒋孔阳的美学思考虽然结束了，但创造体系这一任务却并不会结束，将成为后世学者不断攀登的高峰。

二、推进上海美学

蒋孔阳与上海的文化建设关系密切，推进上海美学发展是作为上海美学家的使命。这不仅体现为蒋孔阳作为一代美学家对上海学术界的重要意义，即蒋孔阳是一位享誉全国的当代美学家；也体现为蒋孔阳具体参与了上海市的学术文化建设。在后者的意义上，可以说蒋孔阳属于上海。

蒋孔阳之于复旦大学美学而言，其作用是奠基性的。1951 年进入复旦大学，到 1999 年去世，在复旦待了 49 年。在复旦大学之初，他主要从事文学理论研究，也做一些美学研究。1957 年发表第一篇美学论文，这也是他第一

①李衍柱：《海纳百川 博采众长》，见濮之珍编选《蒋孔阳：且说说我自己》，上海文艺出版社 2008 年版，第 292 页。

次参加美学大讨论。1961年受到批判之后，研究领域主要为美学；在该年度开设了《西方美学》的课程，这是蒋孔阳第一次在复旦大学开设美学专业课。1962年开设《美学》课程，是“中国大学中最早开设《美学》课的学者”①。蒋孔阳对复旦大学美学学科的重大贡献是从1978年才显露出来的。这一年他重新开设“西方美学”课程，并招收了复旦大学首届硕士研究生。1983年担任复旦大学中文系文艺理论教研室主任，成为复旦大学文艺学美学学科的掌舵人。1984年复旦大学美学研究室成立，担任主任。1987年首次招收博士研究生，进一步确立了复旦大学文艺学美学学科在全国的地位。1991年复旦大学文艺学学科成为国家重点学科。可以说，正是在前辈学人，特别是在蒋孔阳的带领下，复旦大学文艺学学科才获得如此重要的地位。今日在复旦大学文艺学学科任教的教师中就有其弟子朱立元、陆扬、郑元者、郜元宝等，各有专攻，继续保持复旦大学文艺学、美学研究在全国的领先地位。除此之外，蒋孔阳的弟子（或受教于他的后辈学者）中还有学者成为其他大学或科研机构的文艺学美学学科的领军人物或学术骨干，如张玉能（华中师范大学）、姚文放（扬州大学）、曹俊峰（黑龙江省社会科学院）、王坤（中山大学）、朱志荣（华东师范大学）等。

蒋孔阳是上海美学的领军人物，早在20世纪五六十年代的美学大讨论中，他是参与美学讨论为数不多的上海学者。在80年代的美学热中，他是上海美学发展的有力推动者。在90年代，他也积极呼应市场经济时代的人文精神问题。新时期以来长期担任上海美学会会长（1981年成立时名为“上海美学研究会”），对上海美学的贡献尤其重要。他在《上海美学在前进》中归

①《蒋孔阳全集》第五卷，安徽教育出版社2005年版，第838页。

纳了“上海美学”的三个特点：首先，上海美学不是一个流派，它是一个地域概念。正是由于上海美学不局限于学派，所以无形中形成了兼容并包的特点。这是上海美学的第一个特点。上海美学的第二个特点是“上海美学一直同文学艺术保持着密切的联系”①。由于历史文化的原因，上海的风气更富有创新意识，与艺术的结合较多，上海美学家研究各门文学艺术是一种良好的风气。上海美学的第三个特点是理论与实践的结合，注重应用性，出现了技术美学、环境美学、小说美学等成果。不过，注重实用化的同时还应警惕泛化或庸俗化的倾向。

蒋孔阳是上海学术的代表。他在上海市各类学术文化组织中曾担任职务，如上海美学学会会长、上海市社科联常务理事、上海作协副主席、上海市哲学社会科学“七五”规划学科评审组成员、上海长中篇小说优秀作品大奖评委、第四届上海文学艺术奖评审委员会委员等，还在上海市社会科学院、上海大学、上海工业大学担任职务。蒋孔阳在这些组织中所起的作用不同，但显然对上海文化学术建设具有引领和导向作用。比如在上海第二届长中篇小说评奖中，他直言不讳，很尖锐地指出作品“仍然缺乏第一流小说所应当具备的那种伟大的气魄和震撼人心的艺术力量”，并勉励作家攻克“生活的制高点”②。显然，这与当代一味叫好的评点迥然不同。他还和自己的学生郜元宝做了一次长篇对话，细致探讨上海当代文学乃至全国当代文学发展的现状和走向问题。

---

①《蒋孔阳全集》第四卷，安徽教育出版社 1999 年版，第 4 页。
②《蒋孔阳全集》第五卷，安徽教育出版社 1999 年版，第 626 页。

>>1991 年蒋孔阳先生(前排左一)获首届上海市文学艺术“杰出贡献奖”

蒋孔阳在上海赢得了诸多殊荣。他的一系列著作在上海被授予各类奖项,如《美学新论》获得上海市哲学社会科学优秀成果著作一等奖(1994 年),并于 1995 年获得全国高等学校首届人文社会科学研究优秀成果著作一等奖。可以说,《美学新论》获得了上海当代美学的最高殊荣。此外,《德国古典美学》获得上海高教文科科研成果二等奖(1984 年)、上海哲学社会科学优秀著作奖(1986 年)。他还获得首届上海市文学艺术奖“杰出贡献奖”(1991 年),上海社会科学“优秀工作者”(1988 年)称号。这无疑说明蒋孔阳所取得的成就已经在上海文化学术界获得了充分的认可。

他还积极参与上海的文化建设,拓展了自己的审美文化理论与实践。蒋孔阳对上海城市文化建设提出了很切实且富有理论性的建议。他不是单纯探讨上海的城市文化，而是从审美角度来谈；即便从审美角度来谈，也不是认为好看就是审美文化的全部。他认为，上海的城市建设应该展现“上海人的灵魂和精神风貌”[①]。蒋孔阳给予审美文化以精神内涵，即“通过具体的感觉得到的感性形象去实现人的价值和意义，把人的本质力量对象化”，这是审美文化的研究内容。因此，上海的审美文化建设“要通过上海的都市形象，去探讨上海人精神的价值和意义”[②]。这一点是非常具有哲学高度的。同时，他指出上海审美文化建设与都市形象建设密不可分，“要从整体形象上，探讨上海人的审美观念，怎样表现在上海作为国际第一流大都市的形象上”[③]。他还从三个方面提出关于上海城市建设的建议，其一要虚实结合，注重空间感；其二要古今结合，注重上海的历史感，对历史文物做好保护和宣传工作；其三要商业和艺术结合，注重城市建设的艺术化，一方面是塑造表现上海人精神的都市形象，另一方面要建一些艺术中心。可以说，空间的虚拟感、历史的厚重感、城市的艺术化是蒋孔阳着力强调的，这对上海城市建设是非常具有针对性的[④]。可以说，蒋孔阳的审美文化的看法是其美学研究与上海文化的结合。《杂谈审美文化》(1995 年)可以视为蒋孔阳审美文化研究的一个集中体现。他认为文化和美结合，体现出“一个民族的精神面貌”；提出审美文化的三个满足，即满足“人们爱美的天性”，满足“人与人之间交流感情的需要”，满足“人们追求自我表现的愿望”，[⑤]从而使审美文化达到哲学的高度，与如今过于泛化、庸俗化的审美文化恰成鲜明对比。陆扬认

①《蒋孔阳全集》第五卷，安徽教育出版社 2005 年版，第 600 页。
②《蒋孔阳全集》第五卷，安徽教育出版社 2005 年版，第 672 页。
③《蒋孔阳全集》第五卷，安徽教育出版社 2005 年版，第 672 页。
④《蒋孔阳全集》第五卷，安徽教育出版社 2005 年版，第 668—670 页。
⑤《蒋孔阳全集》第三卷，安徽教育出版社 1999 年版，第 724—726 页。

为，蒋孔阳对审美文化的讨论中不可忽视的是“对感性因素”的重视。[1] 蒋孔阳始终给予感性以充分的重视，同时又强调精神性（并非是理性）的内容对提升感性的不可或缺性。此外，蒋孔阳还注重精神文化建设，比如强调“书文化”，直面商品大潮对学术的冲击。[2]

由于蒋孔阳在学术文化研究上的卓越贡献，他与王元化、钱谷融等同一代的上海学人共同代表了上海文艺理论与美学研究的最高水平，彰显了上海作为全国学术中心之一的实力。

三、学术文化交流

蒋孔阳还是一位美学翻译家，早年在上海海光图书馆从事编译工作。他一生翻译的著作有两部，一是《从文艺看苏联》，二是《近代美学史评述》。《从文艺看苏联》是1949年翻译完成的，大约同时还有一些零星的译文，如《艺术人格论》（1946年）、《风格小论》（1946年）、《巴尔扎克的一天》（1950年）、《莎士比亚译诗三章》（1950年）等。《近代美学史评述》是1965年完成的。这两部书都翻译于“文革”之前，属于蒋孔阳青年时期的成绩。《从文艺看苏联》属于介绍性质，重在传播；而《近代美学史评述》在当时的背景下翻译其目的是为了批判，不是作为借鉴对象加以吸收的。尽管在《美学新论》等书中蒋孔阳引述过该书的内容，但仍然不构成蒋孔阳的美学思想的核心。在改革开放之后，蒋孔阳的翻译工作就停止了，只是在1979年出版《近代美学史评述》时做过一些文字订正。不可否认的是，《近代美学史评述》对打开

---

①陆扬：《蒋孔阳学术近影》，载《学术月刊》1999年第1期。

②《蒋孔阳全集》第四卷，安徽教育出版社1999年版，第155—157页。

蒋孔阳的美学史视野是功不可没的，特别是现代美学史上的移情说、精神分析等美学观点。也可以说，《美学新论》中提到的西方现代美学思想离不开蒋孔阳对《近代美学史评述》这一书的翻译和介绍。尽管是从批判的角度来翻译，但客观上增进了蒋孔阳对西方美学现代部分的熟悉，促进了其知识的更新。与《近代美学史评述》同期，1963—1965年，蒋孔阳还在《现代外国哲学社会科学文摘》上译介道生、麦斯、菲布曼、斯托尔尼兹、杰塞普、卢卡奇、夏普等人的著作。上述文艺与美学翻译客观上促进了中国美学界对西方美学的了解，为学术研究提供了可贵的材料，筚路蓝缕之功不可磨灭。

>>《近代美学史评述》书影

文化交流不仅是纸面的，更是实践的。蒋孔阳绝非书斋型的学者。尤其是在晚年，蒋孔阳与国内外的文化学术交流较为频繁，虽并未促进学术研究的体系建立，但促进了学术的交流与传播，促进了美学研究的实践和人生体验的完整与丰富。

蒋孔阳的国内学术活动很多，主要有以下几类：一是参加各类学术会议、纪念会。蒋孔阳参加的大大小小的学术会议难以计数，主要有全国美学会议、文艺理论会议等，在此不再赘述。不过，他的一些文章则是参加学术

>>1996 年与李泽厚先生在美国会面

研讨会的结果,产生了积极的传播效果。参加学术会议固然占用时间,但有两个好处,其一给自己压力,其二能够与学术界作交流,倾听不同方面的意见。二是到国内高校等单位讲学。到国内高校讲学有利于进一步梳理和传播自己的学术思想,比较有特色的讲座如赴安徽大学做关于美学的对象问题的讲座。三是主编学术著作。主编学术著作也是蒋孔阳的重要任务,有《中国古代美学艺术论文集》《美学与艺术评论》《哲学大辞典·美学卷》《西方美学名著选》《社会科学争鸣大系(1949—1989)文学·艺术·语言卷》《西方美学通史》等。尤其值得提出的是《西方美学通史》,这套著作是目前中国西方美学研究中最全面的成果,也使得复旦大学的西方美学研究居于全国前列。四是为同时代学者写序或评论,加以推介。蒋孔阳晚年给学者和著作写序占了相当多的时间,他大约写了100篇左右的序言,有些序言不时有思想火花闪现,但不利于学术研究的系统性,而且正值蒋孔阳的学术盛年。不过,就提携后学而言,蒋孔阳这一点是令人钦佩的。五是担任学术职务或兼职。蒋孔阳晚年声名日隆,也担任了很多学术职务以及一些社会兼职。这些都占去了一定的时间,如学会的顾问、副会长,一些大学的兼职顾问等,虽然发挥了作用,但精力有限、分身乏术,兼职的象征意义大于实际意义。六是接受采访或与相关人员对话等。蒋孔阳接受采访和进行对话的实践并不多,但有助于促进思想的迸发。就学术的对话形式的开启而言,蒋孔阳的几篇对话在其后期著作中也有一定的地位。七是与自己的学生和国内学者通信。这样的通信虽学术意义并不充分,但展现了一代美学家开放的胸襟和不断交流的态度。而如今随着信息时代的到来,这样的通信则日益匮乏。

蒋孔阳的国外学术活动主要有三类。第一类是出国讲学。主要是1980年9月至1981年9月在日本神户大学中国语言文学系担任客座教授。在海外任教期间,他开设了"中国现代文学史""中国古典美学""中国当代文学"等课程。特别是"中国古典美学",促进了蒋孔阳对文艺美学研究的系统思考,也成为撰写《中国美学史》的基础,可惜未能完成。他还出席了在东京举行的第26届国际东方学会议,作《评老子"大音希声"的音乐美学思想》报告,属于《先秦音乐美学思想论稿》的一部分。蒋孔阳在日本讲学期间也接触了日本的美学研究,与岩江三郎教授有过讨论。

第二类是出国参加学术会议。1988年8月至9月到英国参加国际美学会议。这次会议蒋孔阳还写了参会感受,除了向国内学界介绍美学的传统与创新的会议主题外,还有两点值得注意:其一是会议的组织形式。国内的会议有大会报告,并且占主要时间,而且讨论也很少;而国外的会议主要是分组报告,报告与讨论相结合,促进研究的深入。因此蒋孔阳认为,这一形式“对于推动群众性的学术讨论,实在有它的优越性,值得我们参考和借鉴”①。但是,由于中国学术界论资排辈倾向严重,会议上如果没有安排名家作报告,一方面不能体现会议的层次性,另一方面也无法体现传播的广泛性。由于一味追求虚假的层次性和传播性而让渡了学术讨论的深度,这是至今中国学术会议都很难取得实质性推进的根本原因。其二是会议人数少而精,这与我国需要出动大批服务人员形成了鲜明对比。招待甚至服务好参会专家成为会议主要任务,而他们讲什么已经不再重要了。除了参加会议,蒋孔阳还利用会议期间参观了伦敦的白金汉宫,巴黎的卢浮宫、凡尔赛宫等,感受西方文化。

第三类是出国探亲。共有三次探亲,第一次是 1993 年 7 月至 9 月赴美探亲,第二次是 1995 年 12 月至 1996 年 1 月赴香港探亲,第三次是 1996 年 9 月至 12 月赴美探亲。每次探亲都是与家人团聚的日子,也是放松身心的日子,其间不忘与国外建立文化学术联系,如参观、会见、讲座等。第一次赴美探亲,没有详细记载,在美国有《唐代诗歌的审美特征》的演讲。第二次是去香港,感受香港文化的中西融合。第三次赴美的时候,蒋孔阳与李泽厚有过会面。除了联系中国美学家外,蒋孔阳在科罗拉多大学还进行了关于美感的演讲。

在国外进行学术活动期间,蒋孔阳不时写作散文,收集在《文艺与人生》第四编“海外踪影”中,系列散文有 13 篇之多,有些文字具有文化比较的意义,如《从废墟到现代化》等。此外还有《访英日记》《访美探亲日记》《香港

①《蒋孔阳全集》第四卷,安徽教育出版社 1999 年版,第 559 页。

记行》等日记、随感等，可见用心之细。

四、人生美的追求

美学实践最重要的体现就是文艺创作所呈现出来的人生体验。郑元者曾将蒋孔阳的美学概括为人生论美学①。他认为蒋孔阳："不太乐意在美学的围城里抽象地谈论各种美学问题，总是善于联系人生现实和艺术实践，提出自己独特的美学见解。"②的确，蒋孔阳也很强调好的艺术"关键在于深入生活，了解人，了解人性，了解人生"③。蒋孔阳不是那种纯粹的理论家，而是有着丰富的人生体验。在他的著作中，从《美和美的创造》《真与美》《文艺与人生》《美的规律》《美在创造中》这些题目就可以见出蒋孔阳对人生美的重视。

>>《文艺与人生》书影

蒋孔阳的文艺创作也很多，种

①郑元者：《美的探寻与人生觉醒——蒋孔阳人生论美学思想述评》，载《文学评论》1999 年第 1 期。
②郑元者：《蒋孔阳：一位本身就是美学的美学家》，载《社会科学报》2004 年 1 月 8 日第 6 版。
③《蒋孔阳全集》第五卷，安徽教育出版社 2005 年版，第 588 页。

>>1948 年蒋孔阳、濮之珍夫妇结婚照

类有日记、自传、书信、散文(随笔)、诗歌等。有鉴于日记、自传、书信的艺术性较弱,此处的文艺创作主要是指散文和诗歌。不过,书信里最见性情的是 1947—1949 年写给夫人的 69 通书信。这些书信 2010 年才出版,对蒋孔阳研究具有一定的史料价值。然而,从个人阅读的角度来说,这些爱的书信尤其能表现蒋孔阳的人生态度和境界。关于这些史料蒋孔阳在世时很少提及,在很多回忆性文章里也很少提到与夫人的爱情。

蒋孔阳与濮之珍是 1948 年 12 月 25 日在上海结婚的。婚前的书信非常多,特别是 1947 年,可以说他们处于"热恋"的阶段。在外人看来,蒋孔阳是一个非常内向的人,他很少把自己的感情表露给外人;但是在对亲人,对自己爱的人,他却可以变得非常健谈。细致翻阅这些信件,发现都是洋洋洒洒千余字。信件里不仅流露出对爱的珍惜、渴望,也流露出对爱人的关切、爱护。在大变迁的时代,也许一切都很难保证,但对一对相爱的人而言,能够相互交流化解隔膜,相互承担互诉离肠就已足够。对蒋孔阳在信件中提到的崇高的爱情观极为佩服。他曾不止一次地表示,爱情要有精神高度,比如"我们的一切,也都没有达到最高度","真的爱,就不一定是俘获,是占有，它只是一颗心的安顿，一颗心的归宿”[①]；“男女间的爱，却只是人类文化造出来的结晶”[②]；“我只在找一个人生的伴侣，找一个心灵的共鸣！”[③]这些言语在书信中可谓随处可见。显然这一对青年是受过现代文化浸染的人，他们能够在自由的情感交流中确定人生的共同理想，正是这一理想使他们走上了人生的康庄大道，不离不弃，相濡以沫。

这些信件除了谈爱情，谈婚姻，还谈了艺术、人生、理想等，也包括对办公室工作的厌倦等，以及一些琐细的事情。如果从现代文化的视角来考察这些信件，也许能从侧面看到20世纪40年代末期一代有志青年的心理状态和理想信念。

假　如[④]

假如我是上帝，
我要使出神力；
把西国的山，
填入东海之底。
叫人间不再有不平，
叫地上不再有崎岖。

从青年时期，蒋孔阳就怀着愤懑不平、徘徊无措的心情跨入社会。这是

---

①蒋孔阳著：《真诚的追求》，东方出版中心2010年版，第7页。
②蒋孔阳著：《真诚的追求》，东方出版中心2010年版，第17页。
③蒋孔阳著：《真诚的追求》，东方出版中心2010年版，第29页。
④《蒋孔阳全集》第五卷，安徽教育出版社2005年版，第427页。

1946 年大学毕业时从四川走向上海时所写。诗歌本身很短,但富有激情,充分展现了青年蒋孔阳的思想和抱负。对四川人而言,有这样一句俗话,“出川一条龙”,说明你要想有成就就必须从狭小的四川盆地走出,去领略世界的风采。从这首诗可以看出,蒋孔阳是一个富有激情和抱负的年轻人。身处现代转型时期的中国人,与世界之间的关系正在失效,旧的大厦行将坍塌,而新的关系尚未建立,特别是在现代工业文明的冲击下,人世间新的“不平”与“崎岖”正在出现;现代文明的病症也开始传染到古老的中国,对个体自由的侵夺和对人性的异化,使得曾在金融业工作过的蒋孔阳深有感触。当然,蒋孔阳在自己以后的人生实践上虽不是救世济民,但在学术建树上的确促进了中国美学的发展。

夜沉到无边的深处,
我忽然于梦中惊醒。
荒野流泳着大气,
仿佛是谁在叩我的门。
我不能再把生命委弃,
世界需要战斗的人!①

这是 1947 年在给濮之珍的书信中随手写的打油诗,有浪漫主义的倾向,展示着蒋孔阳的个性,这可能是“五四”新文化所给予蒋孔阳的影响。

生命是只永不颓蚀的琴弦,

①蒋孔阳著:《真诚的追求》,东方出版中心 2010 年版,第 23 页。

待我俩去奏出谐和而永恒的乐曲。

这是1948年在送给濮之珍照片上的题词，表露了蒋孔阳对爱情、对艺术、对美的强烈追求。爱情是人间最美好的感情，美好的爱情能够使得人生更加充实完善。蒋孔阳的美学与文艺思考始终坚持人生的丰富维度，生命因艺术和爱的融入而不朽。蒋孔阳夫妇后来还获得了复旦大学颁发的“比翼双飞奖”，他们是复旦园中人生美的代表。

杂 忆

桃李树上摘桃李，
葡萄架下做游戏。
浑然不知身是孩，
最难糊涂是儿时。

向晚攀援登古峰，
夕阳如火映山红。
人生能得几回醉，
醉在苍茫暮色中。

湛湛青天碧溶溶，
渊渊泉水琤淙淙。
亭午溪畔枕石流，
卧听风吹万壑松。

这三首诗是“文革”时期所写，都是借景抒情之作，蒋孔阳自称是“打油诗”，不过意境还是不错的。第一首回忆童年，语言很上口，内容上将儿时与当时对比，一方面更加向往童年，一方面对现实表达自己的不满。“浑然不知”有几许荒诞，也有几许自嘲意味，“最难糊涂”则体现了曾经童心是最美。第二首立意很新颖，一般而言夕阳令人感到悲观，但诗人却将夕阳写得如火如荼，并沉醉于夕阳中，这正是审美的态度，用美的眼光来审视世界，何处不美呢？这也从侧面见出当时情势对人的精神的压抑和摧残。第三首写景到位，有《诗经》的气息。“青天”“泉水”“溪畔”“石流”“万壑”等的意象堆积，富有画面感；“卧听”好似又回复到平静的心态，面对世界采取一种更为旁观的态度，在“卧听”“万壑”中，坚定自己的信念。

游黄山①

一

满目青山翠欲滴，
迎面悬岩陡如立，
人人都说黄山好，
松生云间依绝壁。

二

云环雾绕锁山峦，
云外更有百重泉，

①《蒋孔阳全集》第五卷，安徽教育出版社2005年版，第515—516页。

人人都说黄山好，
独立峰顶可通天。

三

奇境异景非人间，
世外桃源应种田，
游罢归来思长勤，
有笔如椽学马迁。

四

莲花洞里无莲花，
空有四壁对云霞，
人生莫被虚名误，
功夫到处自成家。
（此前与濮儿合作）

五

山行无穷尽，峰回路又转。
飞泉天山依，白云脚下踩。
才登天都峰，又观扇子崖。
石有飞来奇，松如蒲团盖。
梦笔触生花，石猴正观海。
美景说不尽，游兴浓且酣。
当前形势好，归来应加鞭。

这五首诗为1977年游黄山所作。前一二首写景,抓住黄山的险峻之美,也在对险峻的描述中暗含诗人的志向,后三首则进一步呈现内心。第三首有勉励性质,第四首则表明了淡泊的心态和对未来的信心。第五首是五言诗,对仗工整,黄山重要景点多有体现,尤其是石猴观海,曾经不时出现在蒋孔阳的美学文字中。末句与第三、第四首呼应,流露出时不我待的紧迫感和快马加鞭的自律性。诗歌是传达情志的一种方式,不过蒋孔阳志不在领略天地之美,而是通过对天地之美的感悟认识到人生有限,从而从自然美景中超脱出来,进入美学世界的探险之旅。可以说,美景无限,而美的思想更值得追求。

>> 相濡以沫的蒋孔阳、濮之珍夫妇

蒋孔阳是一个爱书的人，一生读书，写书，教书。他授课风趣，内容充实，一些文字也潇洒明快，不失幽默。1991 年他有一篇《书房题名未遂记》，先生书房很乱，好似知识分子都是如此。夫人戏称书房像“乱鸡窝”，他则对之以“听它去”。友人提议应该有个书房名，以示特征。蒋孔阳思前想后，觉得“陋室”——抄袭古人，“积微居”——杨树达先生用了，“照隅室”——郭绍虞先生用了。一般取名都强调谐音，先生说孔阳谐音大概是“空羊”，空羊什么意思呢？牵强附会一点可以说是“亡羊”，书房可取名“亡羊室”。先生想来想去觉得不妥，一是亡羊室的确不好听；二是既然叫亡羊室，就得补牢，可自己又补不了。最后，先生自己给取了名字，叫“无名室”。但是，只有名气大的人才这样谦虚，于是无名室也不用了，最终的结果就是“起名未遂”。透过为书房起名，可以看出蒋孔阳先生的一些个性：与世无争，平淡儒雅，谦虚真诚，又不失幽默。

蒋孔阳有一个幸福的家庭，父母恩重，兄弟情深，成年后与濮之珍女士患难与共，“相依为命”半个世纪，共同面对人生的坎坎坷坷，为各自的成就由衷感到喜悦，一起见证了爱和美的伟大力量。在女儿心中，父亲是“一生研究美，一生热爱美”①。在哥哥眼中，弟弟“一生追求美”，“他的一生是追求美的结晶。他的灵魂是美的，美就是他的灵魂”②。蒋孔阳虽然离开了这个世界，但他对人生美的追求并没有离开这个世界，在这个世界上依然散发着其独特的魅力。

---

①蒋年：《爸爸永远和我们在一起》，见濮之珍编选《蒋孔阳：且说说我自己》，上海文艺出版社 2008 年版，第 387 页。

②蒋术亮：《灵魂是美的》，见濮之珍编选《蒋孔阳：且说说我自己》，上海文艺出版社 2008 年版，第 391 页。

结 语

蒋孔阳是一位卓有成就的美学大家，学界相关研究论著不断问世，可谓对一代学者的最好纪念。蒋孔阳所取得的成就在学界被赞誉有加，特别是美学理论方面。作为评传式研究，本书并没有将视角仅仅局限于美学理论这一方面，还依次讨论了蒋孔阳的人生与思想的历程，早年的文学之思，文艺美学之思，西方美学史研究，中国美学史研究，集大成之作《美学新论》，以及晚年的美学实践。一位学者只有在多方面取得成就才可能有理论上的创获。事实表明，蒋孔阳在长达50年的学术研究中，在美学与文艺学领域取得了很厚实的成绩；虽然其产量并不为高，《蒋孔阳全集》也不过300万字，但相当一部分文字有很高的学术含金量。他的《德国古典美学》《先秦音乐美学思想论稿》《美学新论》是当代美学研究不可磨灭的经典之作。关于蒋孔阳和他的文艺学、美学成就，有很多方面值得重视。

一是他浓厚的学术兴趣和人文境界。他不为任何外在的因素而从事学问，从青年时期接触宗白华、朱光潜，受到美学启蒙，从此下定了从事美学与文艺学研究的决心，并且矢志不渝。他说："人的价值不在于战胜他人，夺取个人的桂冠，建立自己的体系，而在于把自己提高到宇宙社会中来看，让人认识到天地之大，人生之广阔，真理不是一个人独占或包办得了的。"[①]在生

---

①《蒋孔阳全集》第四卷，安徽教育出版社1999年版，第474—475页。

命最困顿的50岁前后，依然投身学术研究，“人生能得几回醉，醉在苍茫暮色中”；即便在身染疾病的晚年仍然笔耕不辍，用文字去实现自己。

二是他广博的学识和文化修养。蒋孔阳的阅读量之大，是远高于一般学者的。他对古今中外的美学、文艺理论都有精深研究，对哲学、思想史、文化史、艺术史也有不同程度的探讨。艰深者有康德、黑格尔等，悠久者有孔子、老子等，切近者有审美文化、当代文化等。蒋孔阳是位勤于阅读的学者，他也将这种阅读作为他学问的底色。因此，阅读蒋孔阳能够增进我们的美学和文艺理论多方面的知识。

三是他的思想立场和方法论。蒋孔阳虽然身为中国农工民主党党员，但却是一位马克思主义美学家，深入钻研过马克思、恩格斯的经典著作，并且将人生体悟和心得体会贯穿于学术研究的方方面面。他总是能透彻地理解马克思主义方法论，并能在学术研究过程中有效落实，从而增加了学术研究的理论性和说服力。他一直呼吁要以辩证的思维打破僵死的教条，以鲜活的形象展示感性的可爱，以典型化理论彰显个性的可贵，以生成性思维讴歌创造的生命。因此，阅读蒋孔阳能够使我们得到很好的学术史和方法论的训练。

四是他的前沿意识，很多研究都是开创性的。《德国古典美学》是当时最早的一部关于德国古典美学的专著,蒋孔阳阅读了大量的英文著作,接触外文资料,从而确保了著作的前沿性。《先秦音乐美学思想论稿》也是开创性的著作。20世纪八九十年代,蒋孔阳对当时的美学、文学也给予充分的关注,表现了敏锐的前沿意识。当他得知朱光潜译有马克思的《政治经济学方法》一文,敏锐地觉察到此文的重要性,就推荐此文发表。[①] 再如他80年代曾撰文呼吁不应禁止"表现人的形体美、精神美"的裸体艺术,敢于发表自己的真实看法,促进艺术宽松氛围的营建。

五是他的历史主义态度。在对思想史的梳理上强调抓重点,抓根本,强调逻辑性,从而能够将思想家的思想串起来,他对思想家成就的概括和提炼往往是中肯的、全面的,从不曲解和误解前人思想。他还将这种思想梳理通过比较、溯源、影响研究等方式,从各个方面厘定思想家的位置,因而具有思想史家的风貌。

六是他充满现实主义的忧患意识。这不仅表现在对传统美学思想的继承创新上,也表现在他对当前美学文艺学研究的期望上,既看到成绩,也看到问题。他认为未来的中国美学应该在传统的基础上,吸收古今中外的学术资源,敢于直面现实中不断涌现的新问题,积极促进中国人的精神提升和人的现代化,在学术上进行系统深入的研究,这样才能形成中国特色的美学体系。因此,阅读蒋孔阳将给我们带来现实主义的学术洗礼,使我们能走得更稳健、扎实。

七是他的儒雅、宽广、包容的学术性格。他"海纳百川、广采博取"[②],始终坚持"真理占有我",强调做学术要做"加法",融会贯通,不刻意推重什么、

①陈望衡:《先生真个如阳光——忆蒋孔阳先生》,载《美与时代(下)》2013年第10期。
②王铁仙、王文英主编:《二十世纪中国社会科学(文学卷)》,上海人民出版社2005年版,第124页。

否定什么，凡合理之处都加以吸收而后成一家之言。他很少直接与相关学者进行辩难，但如果触及学术原则性问题，他也不回避。这表现了他平和但不失原则的学术立场。对于真诚的批评意见，他则真诚接纳，曾有学者来信指出《美学新论》编校上的错漏，他虚心接受，并且推荐发表。因此，阅读蒋孔阳能够使我们养成兼容并包、平和开放的学风，坚定学术立场。

八是他提携后进，推进学术的天下之公心。最突出的表现是他为后学和同辈学人撰写的100来篇序言，不时有火花呈现，尤其写给伍蠡甫、王元化、郑元者等学者著作的序，都是长篇序言，有很高的学术价值。此外在最

>> 蒋孔阳夫妇铜像

后10年，他主要精力用于主编学术著作，如《哲学大辞典·美学卷》《西方美学通史》等，以至于在1993年之后再无系统性的著作问世。当然，就个人而言，这些都费时费力，但对整个学术而言，则是善莫大焉，其晚年在学界和学人心中所获得的赞誉有其充足的理由。他还提议举办高校文艺学美学进修班并担任主讲。蒋孔阳的晚年这一考量，应该得到充分尊重并加以珍视。

九是他通俗平易的文字。他能够将高深的理论通过浅易的文字全面地表达出来，一如其素朴的人生。即便是对康德、黑格尔这样的美学大家，他总是娓娓道来，要言不烦，详略得当，静静地将美学的涓涓溪流汇聚为思想的海洋。他非常注重对概念的剖析，对思想渊源的梳理，对意义的评价，对问题的正视。因此，阅读蒋孔阳能够养成我们朴实无华的文风，也能开拓我们的学术视野，提升我们的思想境界。

最后，他也留下诸多遗憾。他的《中国美学史》设想没有完成，《西方美学史》是在众多学者努力下完成的，他的"综合创新"使其思想有容乃大，但在独创性和锐利性上稍显不足，影响也多在美学、文艺学领域，未及思想史领域。他的很多设想总是由于身体、时间、精力等原因而没有具体落实，一些体现时代性的观点也很难再细致打磨完善，特别是在60岁以后，这其实是很可惜的事情。这里不是苛求前人，而是强调今人，在蒋孔阳先生止步处，继续开拓进取，推进中国美学与中国文化的发展。

总之，阅读蒋孔阳应该是一件充实而快乐的事，充实者是说蒋孔阳给我们思想以滋养与训练，快乐者是说蒋孔阳给我们思想以明澈与喜悦。在今天这个"快餐化"的时代，或者"晦涩化"的时代，蒋孔阳的文字愈发彰显了它的素朴醇厚之魅力，在阅读中，不知不觉间将我们带进一个充满生活气息的、富有创造力的、关于美的思想天地中。

蒋孔阳先生年谱简编

1923 年(1 岁)

1 月 23 日出生于四川万县,乳名爱阳。

1930 年(8 岁)

上分水初级小学,取名蒋术明。

1931 年(9 岁)

转入三正乡小学。

1932 年(10 岁)

回分水小学。

1934 年(12 岁)

入分水高级小学。

1935 年(13 岁)

分水高级小学迎来杨校长,从杨校长那里第一次听到马克思的名字。

1936 年(14 岁)

入万县私立致远初级中学。

1937 年(15 岁)

第一次接触鲁迅、郭沫若、冰心等人的作品,接触文学和社会科学。

1938 年(16 岁)

考入四川中学高中部,开始接触马列著作,产生献身学术的决心。

1940 年(18 岁)

在《合川日报》第一次发表文章。

1941 年(19 岁)

考取重庆中央政治学校(前"中央政治大学"),改名孔阳。

1942 年(20 岁)

拜访宗白华,受到宗先生的鼓励,发起人文学会,并初次接触内迁的复旦大学,受到林同济的赏识。

1943 年(21 岁)

广泛阅读文、史、哲(美学)、传记方面的著作。

1944 年(22 岁)

母亲生病去世,其间休学一年,撰《妈妈的影子》发表于次年的《万州日报》。

1945 年(23 岁)

休学期间曾在万县大悲寺博文中学教课一学期,撰《假如我再是一个中学生》《屈原与陶渊明》《人生与宗教》,休学结束后回校。

1946 年(24 岁)

从国立中央政治大学毕业,与濮之珍女士相识,后被分配至江苏镇江中国农民银行任助理员,阅读朱光潜的《文艺心理学》,另写有一些诗歌。

1947 年(25 岁)

由于面临思想困境,请假三个月赴南京中央大学旁听宗白华先生讲课,阅读朱光潜的《谈美》等著作。

1948 年(26 岁)

受林同济之邀赴上海任海光图书馆任文学编译,涉猎西方文学著作,与濮之珍结婚。

1949 年(27 岁)

参加海光图书馆进步社团“常春社”活动,后被关押一星期,长女蒋濮(今居日)出生。

1950 年(28 岁)

创办《海光书讯》,《从文艺看苏联》(译著)出版,编译《巴尔扎克书讯》。

1951 年(29 岁)

撰写《学习苏联小说描写英雄人物的经验》,正式跨入文艺理论,调入复旦大学新闻系任讲师,夫人濮之珍应聘至复旦大学中文系。

1952 年(30 岁)

由新闻系调入中文系,根据毛泽东《在延安文艺座谈会上的讲话》开设“文学引论”课程,次女蒋红(今居美)出生。

1953 年(31 岁)

撰写《要善于通过日常生活来表现英雄人物》,后因此文受到冲击。

1954 年(32 岁)

赴北京大学学习文艺理论,接触苏联文艺理论,拜访宗白华,开始撰写《文学的基本知识》,三女蒋年出生。

1955 年(33 岁)

返回复旦大学,主编《文艺学引论参考资料》。

1956 年(34 岁)

完成《文学的基本知识》,夫人濮之珍的《语言》出版。

1957 年(35 岁)

发表第一篇美学论文《简论美》,正式参加美学讨论,《文学的基本知识》出版,《论文学艺术的特征》出版,因平易生动,颇为畅销。

1958 年(36 岁)

“拔白旗”运动开始,受到冲击,四女蒋渝出生。

1959 年(37 岁)

发表《论美是一种社会现象》,《文艺学引论》(讲义)印行。

1960 年(38 岁)

受到近两个月的批判,文学理论研究遭遇挫折。

1961 年(39 岁)

开设“西方美学”等课程,发表《康德的美学思想》。

1962 年(40 岁)

开设“美学”课程。

1963 年(41 岁)

参加宝山区“小四清”运动,发表《歌德论自然与艺术的关系》。

1964 年(42 岁)

完成《德国古典美学》初稿,翻译《近代美学史评述》。

1965 年(43 岁)

参加宝山社会主义教育运动,《德国古典美学》完稿,《近代美学史评述》完稿。

1966 年(44 岁)

“文化大革命”开始,受到冲击,被关进牛棚,遭遇两次隔离审查,进行劳动改造,此后近十年学术研究被人为中断。

1975 年(53 岁)

撰写《阴阳五行与春秋时的音乐美学思想》,开始先秦音乐美学思想的研究。

1976 年(54 岁)

完成《先秦音乐美学思想论稿》。

1977 年(55 岁)

对《德国古典美学》进行大的修改。

1978 年(56 岁)

参与形象思维的讨论,开始构想《美学新论》,首次招收硕士研究生。

1979 年(57 岁)

与伍蠡甫合编的《西方文论选》(上下册)出版。

1980 年(58 岁)

晋升教授,《德国古典美学》《近代美学史评述》(译著)、《形象与典型》出版,担任中华美学学会副会长,9 月赴日本神户大学担任客座教授任教一年,讲授"中国现代文学史""中国古典美学"等课程。

1981 年(59 岁)

当选上海美学研究会会长,《美和美的创造》出版,《中国古代美学艺术论文集》(主编)出版,2 月夫人濮之珍赴日本神户大学讲学,9 月底同时归国。

1982 年(60 岁)

撰文讨论中西美学比较研究的观念,因摔跤,休养半年,此后身体状况一直不佳。

1983 年(61 岁)

正式开始撰写《美学新论》,担任复旦大学中文系文艺理论教研室主任。

1984 年(62 岁)

开始筹备《西方美学名著选》,担任复旦大学美学研究室主任,主编《美学与艺术评论》(1—3 辑),赴无锡疗养。

1985 年(63 岁)

《西方美学名著选》20 世纪部分初稿完成,曾回老家苦葛坝,生病两个月。

1986 年(64 岁)

《美学与文艺评论集》出版,《先秦音乐美学思想论稿》出版,赴无锡疗养,蒋孔阳提议的高校文艺学美学助教进修班举办。

1987 年(65 岁)

高楠的《蒋孔阳美学思想研究》出版,首次招收博士研究生 3 名,夫人濮之珍的《中国语言学史》出版。

1988 年(66 岁)

《蒋孔阳美学艺术论集》出版,主编的《二十世纪西方美学名著选》(上下册)出版,赴英国参加第 11 届国际美学会议,并到巴黎参观访问。

1989 年(67 岁)

发表《西方文化冲击下的中国现代美学》,因病住院。

1990 年(68 岁)

发表《当前我国美学研究的状况和展望》,年初住院。

1991 年(69 岁)

“蒋孔阳美学思想研讨会”举办,发表《孔子的美学思想》,主编的《哲学大辞典 · 美学卷》出版,蒋孔阳领衔的文艺学美学博士课程骨干教师进修班举办。

1992 年(70 岁)

《美学新论》完稿,因肺炎住院。

1993 年(71 岁)

《美学新论》出版,研究著作《中国当代美学新学派——蒋孔阳美学思想研究》出版,夏天生病住院,7 月赴美探亲,并应邀讲学。

1994 年(72 岁)

《文艺与人生》出版。

1995 年(73 岁)

发表《建立具有中国特色的文艺理论》,获赠“世纪宝鼎”,患帕金森综合征。

1996 年(74 岁)

赴美探亲,其间曾与李泽厚会面。

1997 年(75 岁)

《美在创造中》出版,《德国古典美学》再版。

1998 年(76 岁)

《蒋孔阳自选集:美的规律》出版,因摔跤住院 11 个月。

1999 年(77 岁)

年初病情好转,后反复,6 月 26 日去世,《西方美学通史》出版,《蒋孔阳全集》1—4 卷出版。

参考文献

一、蒋孔阳著作

《蒋孔阳自选集:美的规律》,山东教育出版社 1998 年版。

《蒋孔阳全集》第一至四卷,安徽教育出版社 1999 年版。

《蒋孔阳全集》第五卷,安徽教育出版社 2005 年版。

蒋孔阳著:《真诚的追求》,东方出版中心 2010 年版。

濮之珍编选:《蒋孔阳:且说说我自己》,上海文艺出版社 2008 年版。

二、研究著作

高楠著:《蒋孔阳美学思想研究》,辽宁人民出版社 1987 年版。

黄定华著:《蒋孔阳人生论美学思想研究》,中国社会科学出版社 2012 年版。

罗曼著:《蒋孔阳美学思想新释》,山东人民出版社 2014 年版。

朱立元编:《当代中国美学新学派——蒋孔阳美学思想研究》,复旦大学出版社 1992 年版。

朱志荣、王怀义著:《从实践美学到实践存在论美学》,苏州大学出版社2008年版。

朱志荣、王怀义著:《蒋孔阳评传》,上海远东出版社2012年版。

蒋红:《论蒋孔阳对中西诗画美学思想的思考和比较研究》,载《东吴学术》2011年第2期。

李衍柱:《综合创新:美学的中国道路——谈蒋孔阳先生对中国美学建设的贡献》,载《文艺理论研究》2014年第1期。

陆扬:《蒋孔阳学术近影》,载《学术月刊》1999年第1期。

姚文放:《"多层累的突创"说探源——蒋孔阳创造美学与杜威"突创"论的相关性》,载《学术月刊》2013年第10期。

曾繁仁:《蒋孔阳教授在20世纪中国美学史上的杰出贡献》,载《社会科学战线》2014年第4期。

郑元者:《美的探寻与人生觉醒——蒋孔阳人生论美学思想述评》,载《文学评论》1999年第1期。

周来祥:《蒋孔阳的美学思想与人格精神》,载《学术月刊》2001年第3期。

后　记

本书是“中国当代美学家文论家评传”丛书之一种。目前关于蒋孔阳美学思想的研究在学术界已经有相当程度的开展了，为了避免与同类著作重复，对于经常讨论的则略写，对于较少讨论的则详写，总体上注重写作的普及性与学术性，并且尝试一种新的视角，与当代学术研究的文化理念紧密结合，大体上也符合评传的体例。

由于全书体例的限制，要在有限的篇幅里阐释蒋孔阳美学思想显然比较困难，所以只能以点带面，不能面面俱到。因其个性与历史的缘由，蒋孔阳开辟了学术研究的多重维度，是值得审视的。蒋孔阳一生学术贡献有五个方面：一是作为文艺理论家的蒋孔阳，二是作为美学史家的蒋孔阳，三是作为文艺美学家的蒋孔阳，四是作为美学理论家的蒋孔阳，五是作为美学教育家与文化活动家的蒋孔阳。由此而言，这样的综合性美学家还是比较少的。在写作中，本文注重对蒋孔阳著作的细读和评点，力争较为全面地展现蒋孔阳美学思想的起源、发生、发展与成型，呈现思想性传记的特征。蒋孔阳的学术成就在此无需赘述，这里只是提示。阅读本书并非终点，毋宁说本书只是一个窗口，真正的阅读还未开始，我们真正要进入的应该是蒋孔阳的美学思想世界。

感谢岳川先生的充分信任，邀请我们加盟本套丛书的编写，给我们提供了深入领会当代美学精神的契机。感谢朱立元教授对本书写作的支持和赞扬,热情邀请我参加在上海举办的蒋孔阳先生学术研讨会,使我得以与相关专家交流心得体会。本书还附有蒋孔阳先生生前相关照片,以形象体现蒋孔阳先生的学问人生,照片来自蒋孔阳先生已出版各类著作及相关著述,朱志荣教授也热情提供照片,特此致谢。感谢黄山书社对本书出版的支持,感谢代立媛编辑细致耐心的工作,使本书编校质量有新的提升。

在本书写作中,胡淼森博士参与前期工作,撰写部分文字,主要部分由我完成并统稿。写作本书时,我正在西藏援藏,回京后陆续增删修改完成。最后,限于时间和精力,本书错漏之处在所难免,敬请方家不吝批评指正。

时胜勋

2014 年 12 月 28 日于北京大学